제사祭祀와 상례 喪禮

제사祭祀와 상례喪禮

송영주 편역

신라출판사

머리말

전통의례가 어떠한 것인지 이해하고 조상을 바로 섬기며 또한 예부터 전해 내려오는 미풍양속을 바탕으로 우리의 생활 속에 자리 잡은 상례와 제사지내는 방법을 합리적으로 꾸려 나갈 수 있도록 엮었으며, 현대인들이 쉽게 이해할 수 있도록 한자로 된 축문을 한글로 풀어써서 상례, 제례에 대하여 상세하게 설명하고 있다. 또한 제례의 진행을 그림을 곁들여 이해하는데 도움이 되도록 구성하였다.

상례는 상중에 행하는 모든 의례
제례는 돌아가신 분을 받들어 사모하는 예
　　　신명을 받들어 복을 빌고자 하는 의례

　상례란 육신을 떠난 영혼이 무사히 영(靈)의 세계로
귀환하는 데 필요한 의식절차를 갖추어서 그 영혼을 전
송하는데 있다. 우리나라에서는 유교식·불교식·그리
스도교식·무속이 혼합된 상례 절차가 관행적으로 지내
왔으며, 그 중에서 오늘날에도 보편적으로 유교식 상례
절차에 따라 지낸다.

　제사(祭祀) 또는 제례(祭禮)는 천지신명을 비롯한 신령이나 죽은 이의 넋, 귀신 등에게 정성을 표하는 행위로서, 넓은 의미로 샤머니즘 및 조상숭배, 애니미즘 등과 관련하여 제물(음식)을 바치는 의식 전반을 가르킨다.

　제례는 사후세계의 관념과 밀접한 관계를 가진다. 제사는 사람이 죽어도 혼백은 남아 있으므로 살아 있을 때처럼 조상을 모셔야 한다는 조상 숭배사상의 유교적 가치관에서 발전해왔다. 제례의 종류는 명절에만 지내는 것으로 바뀐 차례(茶禮), 매년 사망한 날 닭이 울기 전 제주의 집에서 지내는 기제(忌祭), 매년 시월상달 문중이 모여서 지내는 시제(時祭) 등이 있다.

　이 책에서는 잊혀져 가는 우리의 전통의례가 어떠한 것인지, 또한 신구의례 사이에서 혼동이 없도록 실용적으로 꾸몄으며 누구나 쉽게 이해하고 생활에 활용할 수 있도록 꾸며 가정의 필수 지침서가 되게 하였다.

제사상 올리는 음식에는 다음과 같은 금기사항이 있었다.

- ⊙ 복숭아는 올릴 수 없다.

  (예로부터 귀신 쫓는 과일로 알려져 있다)

- ⊙ 꽁치, 갈치, 삼치 등 끝에 '치' 자가 붙은 생선은 올릴 수 없다.

  (옛날에는 치자로 끝나는 생선은 하급 어종으로 분류되어 조상에 대한 예가 아니다 하였다)

- ⊙ 비늘 없는 생선은 올리지 않는다.

  (옛날에는 비늘이 없는 생선은 부정한 생선으로 구분하였다)

- ⊙ 붉은 팥은 올릴 수 없다.

- ⊙ 고춧가루나 마늘 양념이 들어간 음식은 올릴 수 없다.

  (귀신은 붉은색과 마늘을 싫어하기 때문이라고 한다)

목차(目次)

옛 풍습에 따른 제사는 문중의 종손(宗孫)이 5대봉사(五代奉祀)까지 받들어 왔지만 오늘날은 조부모와 부모의 2대 봉사와 그리고 후손이 없는 3촌 이내의 존속 또는 비속의 친족만을 받들도록 하였다. 일년에 한 번 맞이하는 기일에는 각자의 형편에 따라서 제수를 마련하고 조상에 감사하는 마음으로 정성을 다해서 제사를 지내는 것은 자손된 도리일 것이다.

1 제사(祭祀)의 종류

제사의 종류로는 지금은 거의 지내지 않게 된 종묘(宗廟) 시제(時祭)와 다례(茶禮)에 속하는 정월 초하루날에 떡국을 올리는 연시제(年始祭) 및 햇곡으로 차린 추석절사(秋夕節祀), 작고(作故)한 날에 지내는 기제(忌祭), 한식(寒食)날과 음력 시월의 시제로서 묘소에서 지내는 묘제(墓祭)와 상중(喪中)의 우제(虞祭), 소기(小忌), 대기(大忌), 담제(禫祭) 등이 있다.

2 지 방(紙榜)

제사를 지낼 때의 신위(神位)는 고인의 사진이나 지방(紙榜)으로 한다. 지방은 길이 22센티 폭 6센티 정도이다.

이 때 지방에 쓰는 고(考)는 사후의 부(父)를 청하며, 비(妣)는 사후의 모(母)를 칭하는 것이다. 그리고 고인이 생전에 관직이 있었으면 학생(學生)이 아닌 관작(官爵)을 쓴다. 이에 따라 부인의 호칭도 달리 쓴다.

양위(兩位)의 행사(行祀)는 합설(合設)을 원칙으로 하며 이에 따라 양위의 지방도 한 백지에 나란히 쓴다.

옛날에는 사진이 없어 부모의 생각 끝에 글씨로 표시했다. 그래서 규격도 세로 12촌, 가로 4촌으로 했는데 이유는 1년은 12달이요 4계절이라는 의미에서였고 글씨는 가늘게 써야 한다. 이유는 부모를 생각하면 눈앞에 나타나고 생각하지 않으면 나타나지 않기 때문이다. 지금은 사진이 있으니 사진을 모시고 지내면 제일 좋다.

● 각종 지방(紙榜) 쓰는 법

[고조부모(高祖父母)]   [증조부모(曾祖父母)]

顯高祖妣孺人淸州韓氏神位
顯高祖考學生府君神位

顯曾祖妣孺人安東金氏神位
顯曾祖考學生府君神位

[조부모(祖父母)]　　　　　　[부모(父母)]

[조부모(祖父母)]

顯祖妣 孺人金海金氏 神位

顯祖考學生府君 神位

[부모(父母)]

顯妣孺人 全州李氏 神位

顯考學生府君 神位

[백부모(伯父母)]

顯伯父學生府君神位
顯伯母孺人海州崔氏神位

[숙부모(叔父母)]

顯叔父學生府君神位
顯叔母孺人全州李氏神位

顯兄嫂 孺人順天金氏 神位

顯兄 學生府君 神位

[남편(男便)]　　　　　　[처(妻)]

顯辟學生府君神位
현벽학생부군신위

亡室孺人慶州金氏神位
망실유인경주김씨신위

[제(弟)]　　　　[자식(子息)]

亡^망弟^제學^학生^생(이름) 神^신位^위

亡^망子^자學^학生^생(이름) 之^지靈^령

 축문(祝文)

축문은 대개 한문으로 쓰나 지금은 한글로도 쓴다.
그 내용은 간소한 제사지만 제위(祭位)에서 흠향(歆饗)
하시라고 고하는 글이다.

● 출주고사(出主告辭 : 사당에서 신주를 모셔 내올 때 읽는

　　축문)

금 이　　현 고 모 관 부 군
今以 顯考某官府君

원 휘 지 신　감 청
遠諱之辰 敢請

신 주 출 취　정 침
神主出就 正寢

[해설] 돌아가신 날이 왔으므로 신주(神主)가 나오셔

서 정침(正寢 : 제사를 지내는 몸채의 방)에 나가시
기를 감히 청하옵니다.

● 조부모(祖父母)의 기제 축문

유 세 차 간 지　모 월 간 지 삭
維歲次干支 某月干支朔

모 일 간 지　효 손　모
某日干支 孝孫 某

감 소 고 우　현 조 고
敢昭告于 懸祖考

모 관 부 군　현 조 비
某官府君 顯祖妣

모 봉 모 씨　세 서 천 역
某封某氏 歲序遷易

현　조　고
懸祖考 〔조모(祖母)는
조비(祖妣)〕

휘 일 부 림　추 원 감 시
諱日復臨　追遠感時

불 승 영 모　근 이　청 작 서 수
不勝永慕　謹以　淸酌庶羞

공 신 전 헌　상　향
恭伸奠獻　尙　饗

[해설] 효손 ○○는 감히 아뢰옵니다. 해가 바뀌어 할 아버지 돌아가신 날을 다시 맞게 되어 영원토록 사모하는 마음을 이기지 못하겠나이다. 술과 여러 가지 음식을 올리오니 흠향하소서.

● 부모(父母)의 기제 축문

<u>유 세 차 간 지</u>
維歲次干支

<u>모 월 간 지 삭 모 일 간 지</u>
某月干支朔 某日干支

<u>효 자 모 감 소 고 우</u>
孝子 某 敢昭告于

<u>현 고 모 관 학 생 부 군</u>
顯考某官(學生) 府君

<u>현 비 모 봉 유 인</u>
顯妣某封(孺人)

<u>모 씨 세 서 천 역</u>
某氏 歲序遷易

<u>현 고</u>
顯考 〔어머니 忌祭日이면 顯
妣孺人○○(貴) 某氏〕

휘 일 부 림　　추 원 감 시
諱日復臨　追遠感時

호 천 망 극　　근 이　　청 작 서 수
昊天罔極　謹以　淸酌庶羞

공 신 전 헌　　상　　향
恭伸奠獻　尙　饗

[해설] 조부모의 기제 축문의 뜻과 같다. 다만 불승
　　　　영모(不勝永慕) 대신에 호천망극(昊天罔極)이라
　　　　쓴다.

[참고] 호천망극(昊天罔極) : 은혜가 하늘과 같이 크고
　　　　넓어서 다함이 없다는 뜻이다.

유 세 차 간 지　모 월 간 지 삭
維歲次干支　某月干支朔

모 일 간 지　주 부　모
某日干支　主婦　某

감 소 고 우　현 벽 모 관　부 군
敢昭告于　顯辟某官　府君

세 서 천 역　휘 일 부 림
歲序遷易　諱日復臨

추 원 감 시　불 승 감 창
追遠感時　不勝感愴

근 이　청 작 서 수
謹以　淸酌庶羞

공 신 전 헌　상　향
恭伸奠獻　尚　饗

[해설] 조부모의 기제 축문의 뜻과 같다.

[참고] 불승감창(不勝感愴) : 슬픈 마음을 이기지 못한
다는 뜻이다.

◉ 아내(妻)의 기제 축문

유 세 차 간 지 　 모 월 간 지 삭
維歲次干支 某月干支朔

모 일 간 지 　 부 모 　 감 소 고 우
某日干支 夫某 敢昭告于

망 실 모 봉 모 씨 　 세 서 천 역
亡室某封某氏 歲序遷易

망 일 부 지 　 비 도 산 고
亡日復至 悲悼酸苦

불 자 승 감 　 자 이 　 청 작 서 수
不自勝感 兹以 清酌庶羞

신 차 전 의 　 상 　 향
伸此奠儀 尙 饗

[해설] 조부모의 기제 축문의 뜻과 같다.

[참고] 망일부지(亡日復至) : 죽은 날이 돌아왔다는 뜻
이다.

불자승감(不自勝感) : 스스로 느낌을 이기지 못
한다는 뜻이다.

비도산고(悲悼酸苦) : 슬프고 괴롭다는 뜻이다.

◉ 형(兄)의 기제 축문

유 세 차 간 지 　 모 월 간 지 삭
維歲次干支 某月干支朔

모 일 간 지 　 제 모 　 감 소 고 우
某日干支 弟某 敢昭告于

顯兄學生府君 歲序遷易

諱日復臨情何 悲痛

謹以 清酌庶羞

恭伸奠獻 尚 饗

[해설] 아우 ○○는 아뢰오니 세월이 흘러 형님의 제
삿날이 다시 돌아오니 형제지간의 정리로 비
통한 마음 한량없습니다. 이제 맑은 술과 음
식을 차려 올리니 흠향하소서.

◉ 아우(弟)의 기제 축문

유 세 차 간 지　모 월 간 지 삭
維歲次干支　某月干支朔

모 일 간 지　망 제 모
某日干支　亡弟某

형　소 고 우　세 서 천 역
兄　昭告于　歲序遷易

망 일 부 지　정 하 가 처
亡日復至　情何可處

자 이　청 작　진 차 전 의　상　향
茲以　清酌　陳此奠儀　尚　饗

[해설] 세월이 흘러서 아우의 죽은 날이 다시 돌아오
니 형제지간의 정을 어찌할 바를 모르겠네.
이제 맑은 술과 음식을 차려 놓았으니 흠감하
여 주게.

◉ 아들(子)의 기제 축문

유 세 차 간 지 　 모 월 간 지 삭
維歲次干支 某月干支朔

모 일 간 지 망 　 자 모 부 　 고 우
某日干支 亡 子某 父 告于

세 서 천 역 　 망 일 부 지
歲序遷易 亡日復至

심 훼 비 념 　 자 이 　 청 작
心毀悲念 茲以 淸酌

진 차 전 의 　 상 　 향
陳此奠儀 尙 饗

[해설] 너의 제삿날을 다시 맞으니 아비의 마음은 불
　　　 타는 것 같고 비통한 마음 한량없어 이에 맑
　　　 은 술을 차렸으니 응감하여라.

◉ 1년 탈상(脫喪) 때의 축문

유 세 차 간 지　모 월 간 지 삭
維歲次干支　某月干支朔

모 일 간 지　효 자 모
某日干支　孝子某

감 소 고 우　현 고　학 생 부 군
敢昭告于　顯考　學生府君

일 월 불 거　엄 급 기 상
日月不居　奄及朞祥

숙 흥 야 처　애 모 불 녕
夙興夜處　哀慕不寧

삼 년 봉 상　어 례 지 당
三年奉喪　於禮至當

사 세 불 체　혼 귀 분 묘
事勢不逮　魂歸墳墓

근 이　청 작 서 수
謹以 淸酌庶羞

애 천 상 사 　상 　향
哀薦祥事 尚 饗

[해설] 모년 모일 효자 아무개는 감히 고하나이다. 아
버지 돌아가신 지 1년이 되었습니다. 사모하
는 마음 이기지 못하여 3년을 모셔야 하오나
시속에 따라 혼을 분묘로 돌아가시기를 바라
며 이제 맑은 술과 음식으로 공손히 전을 드
리오니 흠향하시옵소서.

[참고] 백일에 탈상 할 때는 엄급백상(奄及百祥), 화장
시에는 혼귀분묘(魂歸墳墓)를 혼귀선경(魂歸仙
境)이라 한다.

유 세 차 간 지
維歲次干支

모 월 간 지 삭 　 모 일 간 지
某月干支朔 某日干支

기 　 　 대 손
幾(몇 대) 代孫(이름)

감 소 고 우 　 현 모 대 조 고
敢昭告于 顯某代祖考

모 관 부 군 지 묘 　 기 서 유 역
某官府君之墓 氣序流易

상 로 기 강 　 첨 소 봉 영
霜露旣降 瞻掃封塋

불 승 감 모 　 근 이 　 청 작 서 수
不勝感慕 謹以 清酌庶羞

祇薦歲事 尚 饗
지 천 세 사 상 향

[해설] 연월일 몇 대 손 모는 몇 대 할아버지 묘소에 감히 고하나이다. 절후(節侯)가 바뀌어 이미 서리가 내렸기에 봉분을 쳐다보고 그리워하는 마음을 이기지 못하겠습니다. 삼가 맑은 술과 여러 가지 음식으로 세사(歲事)를 올리오니 흠향하소서.

[참고] 상로기강(霜露旣降)을 정월에는 세율기경(歲律旣更), 단오에는 시물창무(時物暢茂), 추석에는 노기강(露旣降), 10월에는 상로기강(霜露旣降)이라 쓴다.

◉ 묘제(墓祭)시 토지 축문(土地 祝文)

유 세 차 간 지
維歲次干支

모 월 간 지 삭 모 일 간 지
某月干支朔 某日干支

유 학 모 감 소 고 우
幼學某 敢昭告于

토 지 지 신
土地之神 (제주이름)

공 수 세 사 우 현 기 대 조 고
恭修歲祀于 顯幾代祖考

모 관 부 군 지 묘 유 시 보 우
某官府君之墓 維時保佑

실 뢰 신 휴 감 이 주 찬
實賴神休 敢以酒饌

경 신 전 헌 　 상 　 향
敬神奠獻 尙 饗

[해설] 토지신에게 아뢰옵니다. 세사를 ○○벼슬한 어
른의 묘에 올립니다. 항상 보호하여 주신 은덕
을 입었사오니 감히 술과 음식을 올립니다.

◉ 개사초(改莎草) 전 고사(告辭)

유 세 차 간 지 　 모 월 간 지 삭
維歲次干支 某月干支朔

모 일 간 지 　 효 자 　 모
某日干支 孝子 某

감 소 고 우 　 현 고 　 학 생 부 군
敢昭告于 顯考 學生府君

유 인 김 해 김 씨 　 지 묘
(孺人金海金氏)之墓

세 월 자 구 초 쇠 토 비
歲月玆久草衰土圮

금 이 길 신　익 봉 개 사
今以吉辰　益封改莎

복 유 존 령　불 진 불 경
伏惟尊靈　不震不驚

근 이　주 과 용 신　건 고 근 고
謹以　酒果用伸　虔告謹告

[해설] 효자 ○○는 감히 아버님의 묘소에 아뢰옵니
다. 세월이 흘러 오래 되어 풀도 없어지고 흙
도 무너져서 이제 봉분을 더하고 떼를 다시
입히겠사오니 존령은 떨지 마시고 놀라지도
마소서. 이제 주과를 펴놓고 고하나이다.

◉ 개사초(改莎草) 전 토지축문(土地祝文)

유 세 차 간 지　모 월 간 지 삭
維歲次干支 某月干支朔

모 일 간 지　유 학 모
某日干支 幼學某

감 소 고 우　토 지 지 신
敢昭告于 土地之神

금 위 모 관　모 공 지 묘
今爲某官 某公之墓

총 택 붕 퇴　장 가 수 치
塚宅崩頹 將加修治

신 기 보 우　비 무 후 간
神其保佑 俾無後艱

근 이　주 과 지 천 우 신　상　향
謹以 酒果祇薦于神 尙 饗

[해설] ○○는 간히 토지신에게 아뢰옵니다. ○○공(公)의 무덤이 허물어지고 퇴락하여 보수하오니 신께서는 보호하여 후에 근심이 없게 하여 주소서. 삼가 주과로 신께 천신하오니 흠향하소서.

◉ 개사초(改莎草) 후 위안(慰安) 축문

유 세 차 간 지　　모 월 간 지 삭
維歲次干支　某月干支朔

모 일 간 지　　효 자　　모
某日干支　孝子　某

감 소 고 우　　현 고 모 관
敢昭告于　顯考某官

부 군 지 묘　　기 봉 기 사
府君之墓　旣封旣莎

구 택 유 신 　 복 유 존 령
舊宅維新 伏惟尊靈

영 세 시 령 　 근 이 　 주 과 용 신
永世是靈 謹以 酒果用伸

건 고 근 고
虔告謹告

[해설] 효자 ○○는 아버님께 아뢰옵니다. 이미 봉분
이 되었고 잔디를 입혔으니 옛집이 새로이 되
었습니다. 존령께서는 오래도록 평안하소서.

◉ 석물(石物)을 나중에 세울 때의 축문

유 세 차 간 지 　 모 월 간 지 삭
維歲次干支 某月干支朔

모 일 간 지 　 효 자 　 모
某日干支 孝子 某

감 소 고 우 현 고 모 관
敢昭告于 顯考某官

부 군 지 묘 복 이 석 행 양 봉
府君之墓 伏以 昔行襄奉

의 물 다 궐 금 지 유 년
儀物多闕 今至有年

근 구 모 물 용 위 묘 도
謹具某物 用衛墓道

복 유 존 령 시 빙 시 안
伏惟 尊靈 是憑是安

[해설] 효자 ○○는 감히 돌아가신 아버님께 아뢰옵니다. 이곳에 장사는 지냈어도 마땅한 의물을 빠뜨려, 여러 해가 지난 지금에 풍년이 들어 삼가 석물을 갖추고 산소의 도를 호위하오니 존령께서 여기에 의지하여 평안하소서.

[참고] 근구모물(謹具某物) : 비지(碑誌)·상석(床石)·
　　　 망주(望柱)·석인(石人) 등을 갖출 때에 따라서
　　　 고쳐 쓴다.

◉ 석물(石物)을 세운 후 토지축문(土地祝文)

유 세 차 간 지　모 월 간 지 삭
維歲次干支 某月干支朔

모 일 간 지　유 학 모
某日干支 幼學某

감 소 고 우　토 지 지 신
敢昭告于 土地之神

금 위 모 관 부 군　묘 의 미 구
今爲某官府君 墓儀未具

자 장 모 물　용 위 신 도
玆將某物 用衛神道

신 기 보 우　우 무 후 간　근 이
神其保佑 佑無後艱 謹以

주 과 지 천 우 신　상　향
酒果祗薦于神 尚 饗

[해설] ○○는 감히 토지신께 아뢰옵니다. 지금까지 묘의를 갖추지 못했다가 모물로 신도를 조위케 하였으므로 신께서는 후환이 없도록 보호하소서. 삼가 술과 과일을 천신하오니 신께서는 흠향하소서.

4 제수(祭需)

제수(祭需)란 제사에 쓰이는 여러가지 제물을 말한다. 각 지방의 관습이나 집안의 형편에 따라 다른 점이 있지만 조상들이 지켜온 제수이니 격식에 준하여 정성껏 준비해야 한다.

❶ 제물을 살펴보면 다음과 같다.

① 메(밥) ② 삼탕(三湯 : 소탕, 육탕, 어탕) ③ 삼적(소적, 육적, 어적) ④ 채소(菜蔬 : 삼색나물, 즉 콩나물, 숙주나물, 무나물) ⑤ 침체(沈菜 : 동치미) ⑥ 청장(淸醬) ⑦ 청밀(淸密 : 꿀, 조청) ⑧ 편(餅 : 백편) ⑨ 포(脯 : 북어, 건대구, 건문어, 건전복, 건상어, 암치, 오징어, 육포) ⑩ 유과류(油果類), 산자(饊子), 채소강정(菜蔬糠精) ⑪ 당속류(糖屬類 : 옥춘, 송화, 흑임자) ⑫ 전과(煎果 : 빙당, 매화당, 각당) ⑬ 다식(茶食 : 녹말, 송화, 흑임자) ⑭ 전과(煎果 : 연근, 생강, 유자) ⑮ 실과(實果 : 생실과, 숙실과) ⑯ 제주(祭酒 : 청주) ⑰ 경수(更水 : 숭

늉) ⑱ 시접(匙楪 : 수저와 대접) ⑲ 모사(茅沙) ⑳ 위패(位牌) ㉑ 향로와 촛대로서, 5탕 5적으로 할 때에는 소, 육, 어, 봉, 잡탕의 5탕 및 소, 육, 어, 봉, 채소식의 5적으로 하고 나물도 5색으로 갖추는 법이다. 그리고 제수(祭需) 음식 장만을 할 때는 고춧가루와 마늘을 쓰지 않는다. 집안 형편에 따라서는 기본이 되는 제물 외에도 각종 유밀과, 정과, 요리 등을 즐비하게 진설하기도 하지만, 너무 형식에 끌려 허례를 차릴 필요는 없다.

제물의 진설이 끝나면 곧 지방을 써 붙이고 향로에 향불을 피움으로써 기제는 시작되는 것이다.

행사(行使)의 순서는 강신(降神)으로부터 시작이 되는데 지방(紙榜)이나 신주(神主)의 신의를 모실 경우에는 참신(參神)으로부터 행사가 시작되는 것이다.

❷ 향, 창호지가 상제(喪祭)에 쓰이는 유례

　원래 향불에 쓰는 향나무는 개나 닭소리를 듣지 못하는 깊은 산중의 것으로 사용했다. 왜냐하면 그 만큼 정성을 말했던 것이고, 향을 피우게 된 원인은 시체의 방을 향기롭게 향을 피우던 것이 지금은 말하기를 향불의 연기를 타고 영혼은 하늘로 오른다는 말이 있다. 만사향은 연기가 많이 나고 냄새가 좋고 오래가게 하기 위하여 제조한 것이다. 사용해도 좋고 아니해도 무방하다.

❸ 제상(祭床) 진설에 꼭 필요한 제물

　제사에는 아무리 없는 사람도 대추·밤·감·배·북어·조기를 산다. 우어·좌육·좌포·우해탕은 없어도, 대추·밤·감이 없으면 제사가 아니라는 말도 있다. 우리나라의 대표적인 과일이기에 놓은 것인지 아니면 씨가 1개라 1왕으로 모시고, 밤은 한 송이에 3개의 씨가 들어 있어 3정승으로 모시고 감은 8개의 씨가 들어 있어 8도 감사로 생각하고 놓았다. 이러한 의미에서 놓은 것이라면 필요한 것 없다.

- ◉ **감** : 감나무는 아무리 커도 열매가 한번도 열리지 않은 나무를 꺾어 보면 속에 검은 신이 없고, 열린 나무를 꺾어 보면 검은 신이 있다. 그러므로 나의 부모는 나를 낳으시고 기르시느라 그만큼 속이 상하셨다하여 부모를 생각하여 놓았다.
- ◉ **밤** : 밤나무 꽃밭에 가서 냄새를 맡으면 유아를 기르는 어머님의 품에서 나는 냄새와 같다(밤나무 꿀은 쓰기 때문에 약이 된다). 그리고 유아가 성장할수록 부모는 밤가시처럼 차츰 억세였다가 이제는 품안에서 나가 살아라하며 쩍 벌려주어 독립생활을 시키니 부모를 생각하여 밤을 놓는다.
- ◉ **대추** : 대추는 꽃이 음력 7월 복중에 피었다가 추석에 먹는 것이요, 과일 중에서 열매 결실이 가장 빠른 것이다. 그러므로 결혼은 늦게 해도 자식만은 일찍 두라는 의미에서 놓는다.
- ◉ **명태** : 제일 많이 사용되는 것이 명태다. 그 이유

는 우리나라 동해바다의 대표적인 고기요, 머리도 크고 알이 많아 훌륭한 아들 많이 두고 알과 같이 부자가 되게 해 달라는 유래인 것이다.

◉ 조기 : 조기 역시 서해바다에서 대표이기에 사용되어 왔다.

◉ 배 : 배는 자식을 두어도 서글서글한 아들을 두라는 뜻이다. 지금도 입가심으로 많이 쓰인다.

◉ 사과 : 사과는 옛날에는 우리나라에 없었다. 새로운 과일이기에 놓았다.

④ 제사음식 조리법

◉ 술 : 제주라고 하며 청주를 사용하나 탁주를 대신하기도 한다. 술병 혹은 주전자에 미리 담아두며 부족하지 않도록 한다.

◉ 메 : 제사밥을 말한다. 미리 밥을 하지 않고 제사 직전에 새로 지어 올린다. 밥식기에 뜨거운 밥을 담고 뚜껑을 덮는다.

◉ **갱** : 국을 말한다. 탕을 만든 뒤 탕국물로 대신하기도 한다. 역시 제사 직전에 새로 만들어 국식기에 담는다.

◉ **면** : 면은 국물은 쓰지 않고 건더기만을 쓰며 식기에 담기도 하고 대접에 담아 쓰기도 한다.

◉ **편** : 흰떡, 꿀떡, 인절미 등 멥쌀과 찹쌀을 이용한 떡을 쓴다. 4각이 뚜렷하도록 썰어서 오봉 혹은 목기에 담는다.

◉ **청** : 청은 꿀 혹은 조총이나 설탕 등 떡을 찍어 먹을 수 있는 당류를 말한다. 설탕은 접시에 그 외는 종지에 담는다.

◉ **포** : 육포, 어포, 문어, 북어, 오징어포 등을 쓰며 머리 부분은 잘라내고 큰 접시에 담아 쓴다.

◉ **전** : 소고기 등을 잘 다져서 밀가루에 함께 반죽하여 부친다. 접시에 담는다.

◉ **혜** : 식혜는 제사의 기본 음식이며 제사상에 올리는 식혜는 식혜밥만을 쓴다. 식기에 담아 올린다.

◉ **적** : 육적은 소고기 돼지고기 등을 손바닥 정도의 크기로 썰어 두세 쪽을 대나무 등으로 꿰어 구어

올린다. 어적은 생선이나 조개류를 재료로 하여 통째로 구어 올린다. 적은 모두 접시에 담아 올린다. 소적은 두부 혹은 채소를 재료로 하여 기름에 부쳐 접시에 담아 올린다.

◉ **탕** : 육탕은 소고기, 돼지고기, 닭고기 등을 재료로 하여 무우, 두부 등과 함께 끓인 다음 탕기에 담든다. 어탕은 생선이나 조개류를 재료로 하여 육탕과 같이 올린다. 소탕은 두부와 채소를 재료로 한다. 탕은 건더기만을 사용한다.

◉ **찬** : 침채(동치미)는 보시기에 담아 올리고, 청장(간장)은 종지에 담는다.

◉ **소채** : 고사리는 간장과 양념으로 조미하여 볶기도 하고 끓이기도 하며 보시기에 담아 올리며 건더기만 쓴다. 콩나물은 간장 및 양념으로 조미하여 접시에 담아 올린다. 무나물은 채를 내어 참기름으로 볶아 간장과 양념으로 조미하여 담는다. 도라지는 참기름으로 볶아 간장과 양념으로 조미하여 담는다.

◉ **과일** : 대추, 밤, 호두 등을 접시에 괸다. 사과,

배, 감 등 생과일은 껍질을 벗긴 다음 목기 혹은 접시에 괸다.

◉ 조과 : 다식류인 녹말, 송화, 흑임자, 다식 등으로 조과류 중 제일 먼저 쓴다. 강정류인 깨강정, 계피강정 등을 4각이 뚜렷하게 썰어 쓰고 유과류인 빈사과 제반영사 등을 접시에 담아 쓴다.

⑤ 진설의 여러 가지 격식

제사 지내는 사람이 신위를 향해서 오른편을 동(東)이라 하고, 왼편을 서(西)라 한다. 이것은 좀더 구체적으로 설명하면 다음과 같다.

◉ 좌포우혜(左脯右醯) : 포는 왼편에 식혜는 오른편에 놓는다.

◉ 어동육서(魚東肉西) : 어류는 동쪽에 놓고 육류는 서쪽에 놓는다.

◉ 두동미서(頭東尾西) : 머리는 동쪽을 향하고 꼬리는

서쪽을 향하여 놓는다.

◉ **홍동백서(紅東白西)** : 색깔이 붉은 과일이나 조과의 붉은 색과 동쪽으로 놓고 흰색은 서쪽으로 놓는다.

◉ **조율이시(棗栗梨柿)** : 서쪽에서부터 대추, 밤, 배, 감 순으로 놓는다. 그 외의 과일은 순서가 없다.(홍동백서와 모순점이 있으나 가문에 따라서는 오른쪽(동쪽)에서부터 놓기도 한다.)

5 제례순서(祭禮順序)

① 강신(降神)

신위께서 강림(降臨)하시어 음식을 드시도록 청하는 뜻으로 제주(祭主)를 위시하여 모든 참사자(參祀者)가 신위 앞에 선 다음 제주는 꿇어 앉아 분향하고 잔이 차지 않게 따른 술잔을 우집사(右執事 : 대개 제주의 子姪이 함)로부터 받아서 모사에 세 번으로 나누어 부운 후에 빈 잔은 우집사에게 건네주고 일어나서 재배한다.

② 참신(參神)

참신은 강신을 마친 후에 제주 이하 일동이 일제히 신위를 향하여 재배한다. 이때 여자는 4배를 한다. 신주(神主)를 모시고 올리는 제사인 경우에는 참신을 먼저 하고 지방(紙榜)인 경우에는 강신을 먼저 한다.

③ 초헌(初獻)

제주는 강신 때와 같이 꿇어 앉아 분향한 후 좌집사
로부터 받은 잔에 우집사가 술을 가득히 부어 주면 오른
손으로 잔을 들어 모사에 조금씩 세 번에 기울여 부은
뒤에 양손으로 받들어 집사에게 준다. 집사는 이를 받들
어 먼저 고위(考位)앞에 올린다. 다음으로 비위(妣位)앞
에 올리는 잔은 모사에 기울이지 아니하고 그대로 받아
서 올리고 저를 고른 후에 재배하다.

④ 독축(讀祝)

축문 읽는 것을 독축이라 하며 초헌 후에 일동이 꿇어앉으면 제주 옆에 앉은 축관이 천천히 그러나 크게 축문을 읽는다. 다 읽고나면 일동은 기립하여 재배한다. 독축은 초헌에 한한다.

⑤ 아헌(亞獻)

둘째 번 잔을 올리는 것을 아헌이라 하며 주부(주부는 재배가 아닌 4배)가 올리는 것이 관례이나 제주 다음은 근친자가 초헌과 같은 순서에 따라 올릴 수도 있다.

⑥ 종헌(終獻)

아헌자 다음가는 근친자가 끝잔으로 올리는 것을 종헌이라고 하는데, 아헌자는 잔을 받아서 초헌 때와 같이 모사에 세 번 기울였다가 올린다.

⑦ 첨작(添酌)

초헌자가 신위 앞에 꿇어 앉아 우집사가 새로운 술잔에 술을 조금 따라주면 받아서 좌집사에게 준다. 좌집사는 이것을 받아, 종헌자가 종헌때 모사에다 기울였기 때문에 차지 않은 잔에 세 번으로 첨작하고 재배한다. 첨작을 유식(侑食)이라고 한다.

⑧ 계반삽시(啓飯揷匙)

메 그릇의 뚜껑을 열어 놓고 수저를 꽂는 것으로서
이때 수저 바닥이 동쪽(신위를 향해선 제주의 오른쪽)으로 가
게 하여 꽂는다.

⑨ 합문(闔門)

합문이란 참사자 일동이 강림하신 신위께서 진설한 제주 음식을 흠향하시도록 한다는 뜻으로 방에서 나온 후 문을 닫는 것을 말하는데, 대청에서 제사를 지내는 경우에는 뜰아래로 내려와 조용히 기다린다.

⑩ 개문(開門)

개문이란 문을 여는 것을 말하는데 제주는 문을 열기 전에 우선 기침을 세 번하고 난 후에 문을 열고 들어간다.

⑪ 헌다(獻茶)

숭늉을 갱과 바꾸어 올린 다음 수저로 메를 조금씩 세 번 말아놓고 저(箸)를 고르고 난 후에 참사자 일동은 잠시 읍(揖)한 자세로 있다가 제주의 기침 소리에 따라서 고개를 든다.

⑫ 철시복반(撤匙復飯)

철시복반이란 숭늉 그릇에 놓인 수저를 거둔 다음 메 그릇의 뚜껑을 닫는 것을 말한다.

⑬ 사신(辭神)

참사자 일동은 재배한 다음 신주는 본래의 사당으로 모시고 지방과 축문은 불사른다. 즉 신위와 작별하는 것 이다.

⑭ **철상(撤床)** 모든 제수를 물리는 것을 철상이라 하며 제수는 뒤쪽에서부터 물린다.

⑮ **음복(飮福)**

음복이란 조상께서 주시는 복된 음식이라는 뜻으로 받아들이고 제사가 끝나는 대로 참사가와 가족이 모여서 함께 먹을 뿐만 아니라 이웃에 나누어주기도 하고 또 이웃어른들을 모셔다가 대접도 한다.

◉ 제상 (제상) 차리는법 (양위분일때)

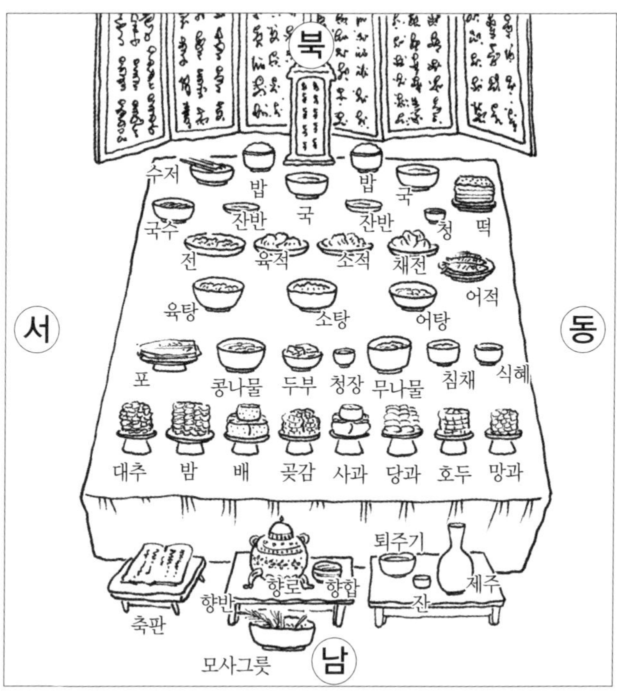

○ 조율이시(棗栗梨柿) : 진설자의 왼편으로부터 대추,
밤, 배, 감의 순서로 진설하고 다음에 호두 혹은 망
과류, 조과류(다식, 산자, 약과)등을 차례로 진설한
다.(홍동백서와 모순점이 있으나 가문에 따라서는 오른쪽(동
쪽)에서부터 놓기도 한다.)

○ 홍동백서(紅東白西) : 붉은색 과일은 동쪽에서부터 놓
고 흰색과일은 서쪽에서부터 방향은 신위를 보고
앉은 자리에서 동쪽은 우측, 서쪽은 좌측이 된다.

◉ 차례상 차리는법 (설, 추석)

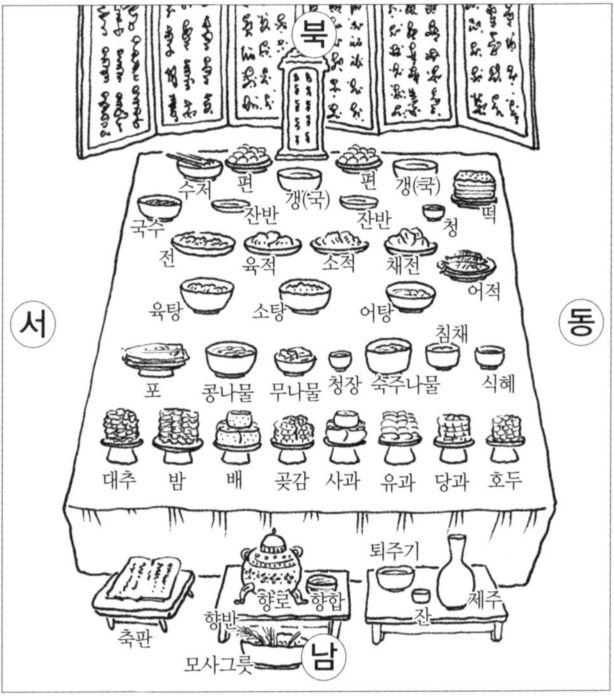

설, 추석 차례상은 제상 차리는 법과 똑같으니 제상 차리는 법을 참조한다. 설에는 떡국을, 추석에는 송편을 쓰고, 햇곡식, 햇과일을 사용한다.

◉ 회갑연(回甲宴) 큰상 차리는 법

수연(晬宴)상은 부모님을 접대하고 경축하는 뜻에서 차린 상이다.

실과류는 앞줄 편류는 옆줄 적등은 뒤로 놓고, 괴는 높이의 치수는 홀수로 하는데 대개 3치, 7치, 9치, 정도로 한다.

◉ 돌상 차리는 법

[참고] 쌀 : 부유하게 되기를 원하는 뜻

돈 : 부자가 되기를 바라는 뜻

국수 : 장수하기를 바라는 뜻

활 : 무사가 되기를 바라는 뜻

대추 : 자손이 번창하기를 바라는 뜻

붓·먹·벼루 : 명필을 바라는 뜻

책 : 공부를 잘하기 바라는 뜻

청실홍실 : 수명 장수를 바라는 뜻

祝 壽宴

一, ○○○○ (物目)

　　　　年　　月　　日

　　　　　　○○○ 謹呈

○○○ 氏尊下

祝 儀

○○○ 氏

春堂(또는 慈堂) 壽宴詩

　　　一金　　○○원整

　　　　　　年　　月　　日

○○○ 謹呈

(당사자에게 보낼 때)

○○○님께

삼가 아뢰옵니다.

다름이 아니오라, 이달 ○날은
저희 아버님(또는 어머님)의 회갑
이옵기로 자식된 기쁨을 만분
의 일이라도 나타낼까 하와 변
변치 못한 자리를 마련하오니
이날 오전(또는 오후) ○시까지
저희 집으로 와 주시면 영광이
겠습니다.

　　　　　년　월　일

　　　　　　　○○○ 올림

謹 啓

侍下에 高堂의 萬福하심을 頌
祝하옵니다.

就悚 來○月○日은 慈親(家
親)의 回甲이옵기로 子息 된 기
쁨을 萬分之一이라도 表할까하
와 壽宴을 略設하옵고 貴下를
招請하오니 掃萬하시와 當日
上(下) 年○時에 鄙家로 枉臨
하여 주신다면 다시 없는 榮光으
로 생각 하겠습니다.

　　　　년　월　일

　　　　　○ ○ ○ 올림

◉ 수연 축하 봉투

　단자를 쓰지 않고 봉투만 쓸 때는 표면에 축하의 문구를 쓰고 그 아래나 또는 조금 왼편에 물목의 내용을 표시한다. 그리고 축하의 봉투는 겹봉투가 좋으며 홑봉투는 사용치 않는 것이 예의다.

祝　壽　宴

○○○ 先生 宅 吉宴入納

○○○ 선생님께

삼가 수연을 축하하나이다.

一, ○○○ (기념품명)

년　월　일

○ ○ ○ 올림

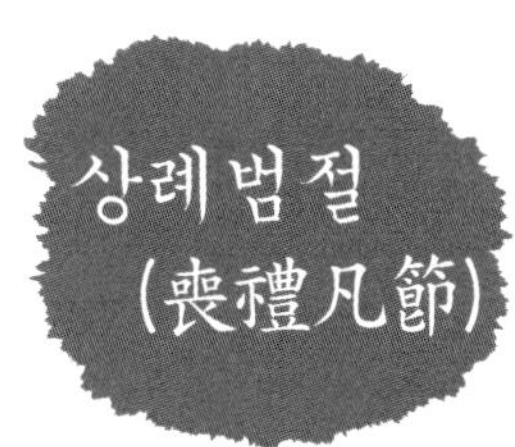

1 상례(喪禮)의 뜻

상례란 사람이 죽은 후 장사 지내는 예법을 말한다.
상례는 인간이 일생동안 함께 살아오던 가족, 친지들,
그리고 모든 반려자와 영원히 이별을 고하게 되는 것이
며, 죽음이라는 엄숙한 사태에 직면하여 그 사자를 정중
히 모시는 절차인 만큼 가장 중요한 예법이다. 예문(禮
文)에 '예(禮)를 다하여 장사 지내라'란 말은 곧 이를 가

르킨 말이다.

2 상례(喪禮)의 절차

① 유언(遺言)

병세가 위급하여 임종이 가까워지면 가족들은 주위를 조용하게 하고 병자에게 물어볼 말이 있으면 대답하기 쉽도록 간추려서 묻고, 그 대답을 기록해야 한다. 또한 병자 자신이 마지막으로 남기고 싶은 말이 있을 것이니 이것이 곧 유언이다.

유언은 자필로 쓰는 것을 원칙으로 하나 시간적인 여유나 기력이 없는 관계로 여러 사람이 지켜보는 가운데서 다른 사람이 대리로 써도 된다. 녹음기가 있으면 녹음을 하는 것도 생존 시의 육성을 들을 수 있어 한층 의의가 있을 것이다.

② 임종(臨終)

임종이란 목숨이 끊어지려고 하는 것을 말하며, 운명 (殞命)이라고도 한다. 우리 나라의 상례에서는 부모의 죽음을 지켜보는 것을 임종이라고 한다. 종신(終身)이라고도 한다. 병이 위중해지면 가주(家主)는 정침(正寢:시신(屍身)을 모실 안온한 방)으로, 그 밖의 사람은 각기 자기 방으로 옮겨 눕힌다.

이때 집 안팎을 말끔히 치우고 병자의 머리를 동쪽으로 하여 북쪽 문 옆에 눕힌다. 다음은 헌옷을 벗기고 새 옷을 입힌 뒤 네 사람이 모시고 앉아 병자의 사지를 주무르고, 가족들도 모두 옷을 갈아입고 운명을 기다린다.

이때 햇솜을 준비해 두었다가 숨이 끊어지면 입과 코와 귀를 막아준다. 그러나 남자는 여자가, 여자는 남자가 지켜보고 있는데서 숨을 끊어지게 해서는 안 된다.

③ 수시(收屍)

수시란 시신의 머리와 팔다리를 바로 잡아 두는 일이다. 숨이 끊어지면 눈을 감기고 준비한 햇솜으로 입과 코와 귀를 막고 머리를 높게 비뚤어지지 않게 괴고 곡(哭)을 한다. 즉, 시체가 굳기 전에 손발을 고루 주물러서 펴고 백지로 시체의 얼굴을 덮고 백지나 베헝겊으로 좌우 어깨를 단단히 동여맨다. 다음엔 두 팔과 두 손을 곱게 펴서 손을 배 위에 올려놓되, 남자는 왼손을 위로하고 여자는 오른손을 위로하여 놓고 두 다리를 곧게 펴놓고 두 발을 바르게 모아 백지나 베로 동여매어 어그러지지 않게 하여 덮어 놓고 다시 곡(哭)한다. 이 절차를 소홀히 하면 손발이 오그라질 수 있으니 실로 정성껏 주의해서 행하여야 한다.

④ 고복(皐復＝招魂)

　　고복이란 흔히 초혼(招魂)이라고도 하는데, 이는 죽은 사람의 흐트러진 혼을 다시 부르는 의식이다. 수시가 끝난 뒤에 시신를 대면(對面) 안 한 사람으로서 채반에 밥(白飯) 세 그릇(속칭 사자밥), 짚신(사자짚신) 세 켤레를 담아 대문 밖에다 놓고 여상(女喪)에는 여자가, 남상(男喪)에는 남자가 죽은 사람이 평소 입던 옷, 즉 남자면 두루마기나 속적삼을, 여자면 속적삼을 가지고 앞 처마로 해서 지붕으로 올라가서 왼손으로는 옷깃을 잡고 오른손으로는 옷의 허리를 잡고 북쪽을 향하여 옷을 휘두르며 크고 긴 목소리로 "해동 대한민국 ○시○동 학생○공공 복! 복! 복!"하고 복(復)을 세 번 부른다. 이미 죽은 사람의 벼슬이 있으면 모관모공(某官某公)이라 하며, 여상(女喪)에는 남편의 직품(職品) 쫓아 모부인 모관모씨(某婦人某官某氏)라 하거나 유인(孺人) 아무개라고 한다. 옷은 지붕 위에 올려놓거나 시신 위에 덮고 곡한다. 지붕 위에 올라가는 것은 혼이란 위에 있기 때문이며, 죽은 사람의 이름을 부르는 것은 이 혼이 다시 체백(體魄)에 합하도록 하는 것이니, 이렇게 해도 살아나지 않으면 정말 죽은 것이다. 집사자(執事者)는 시상(屍床)과 병풍, 포장 등을 마련하고 시신을 옮기게 한다. 집사자란 초상을 맡아보는 사람이다. 이 집사자는 시신의 머리를 남향으로 두고 시신의 상하를 똑바로 한 다음 단단히 고정시켜 어느 한 쪽으로 기우러지지 않도록 하고 병풍이나 포장으로 가려 바람을 막는다.

이 때 이(齒)를 버텨 주는 데는 헌옷을 사용하고 두 손을 배 위에 모아 부드러운 천으로 묶고 코와 귀를 탈지면으로 닦는다. 그리고 침구로 시신을 덮고 사방에 틈이 나지 않게 하여 파리를 막아준다. 다음으로 상주(喪主)를 세우고, 주부(主婦)를 세우고, 호상(護喪)과 사서(司書), 사화(司貨)를 정한다. 이로부터 상주와 주부는 옷을 바꿔 입고 음식을 먹지 않는다. 주부란 죽은 사람의 맏자부(子婦)를 말하는 것이니 맏주부가 없으면 주부 없이 한다.

⑤ 발상(發喪)과 상주(喪主)

발상이란 시신을 안치하고 난 뒤, 상제들이 머리를 풀고 심의(深衣)를 입고서 곡하여 초상(初喪)을 이웃에 알리는 것을 말한다.

상주는 죽은 사람의 장자(長子)가 되는 것이나, 장자가 없으면 장손(長孫)이 아버지 대신으로 맏상주가 되어 승중상(承重喪)으로 주상(主喪)이 된다.

모든 초상에 아버지가 주상이 되지만 아버지가 죽고 없으면 형이 주상이 된다. 자식이 없이 남편이 죽었을 때는 남편의 가까운 집안이 주상이 되고, 아내 쪽(친정 쪽)사람은 아무리 가까워도 주상이 될 수 없다. 출계(出系 = 양자 가는 것)한 아들과 출가(出家)한 딸은 머리를 풀지 않으며 비녀만 뺀다. 물론 남편 상사(男便喪事)에는 머리를 푼다. 복인(服人)들 중 남자상에는 흰 두루마기를 입되 부상(父喪)이면 왼편 소매를 끼지 않고 팔 밑에 엇매며, 여자 상제들은 흰옷으로 갈아입고 머리를 푼다.

⑥ 호상(護喪)

　호상은 초상 치르는 데에 온갖 일을 책임지고 맡아보는 사람을 말한다. 발상이 끝나면 친족이나 친우 가운데서 상례에 밝은 사람이 호상이 되어 초종범절(初終凡節)을 친구나 이웃 사람 중에서 정해진 상례(相禮)의 조력(助力)을 받아 치른다. 축문(祝文)은 친척이 맡는다.

　사서(司書)는 문서에 관한 일을, 사화(司貨)는 금전에 관한 일을 책임을 지고 맡아본다. 사화는 백지로 된 두 권 노트를 준비하여 부의금(賻儀金)의 수납(收納)과 상사 관계로 지출하는 비용을 각각 기록한다.

　[참고] 조문객을 기록하는 노트는 부상(父喪)에는 조객록(弔客錄), 모상(母喪)에는 조위록(凋萎碌), 부의금을 기록하는 노트는 부의록(賻儀錄)이라고 붓글씨로 쓴다.

⑦ 전(奠)

전은 죽은 사람을 생시와 같이 섬기기 위한 뜻으로 간단한 술과 과일을 차려 놓는 예식이다. 전을 올리는 집사(執事)는 포와 과일을 탁자 위에 놓고 축관은 손을 씻고, 술잔을 씻은 후에 술을 따라서 시신(屍身) 동쪽의 어깨에 닿을 만큼 올린다. 전은 염습(殮襲)이 끝날 때까지 날마다 한차례씩 올린다. 슬픔에 가득 찬 상제가 친히 올리지 못하는 전을 집사가 올리는 데 절을 하지 않는다.

◉ 전을 드릴 때의 준비물 : 밥상, 포, 과실이나 채소, 술, 식혜, 세숫대야, 수건

◉ 관(棺)과 칠성판 : 관은 호상이 목수에게 명하여 만들게 한다. 관을 짤 나무로는 유상(油杉)이 제일이며 그 다음으로 잣나무로 친다. 관재(棺材)는 천판(天板)하나, 지판(地板)하나, 사방판(四旁板) 각각 하나씩으로 한다. 두께는 세 치나 혹은 두치반으로 하고 높이와 길이는 시신의 길이와 부피에 알

맞도록 해야 한다. 칠성판은 염습할 때 시신의 밑에 까는 것이다. 옛날에는 부모의 회갑이 지나면 미리 관을 준비하여 옻칠을 해서 소중히 간직해 두었다가 쓰는 경우가 많았다.

⑧ 부고(訃告)

부고는 호상이 상주와 협의하여 사서(司書)와 함께 써서 죽은 사람의 친족과 친지에게 신속히 알린다.

부고장은 백지에 붓글씨로 쓰는 수도 있지만 많은 맷수가 요할 때는 인쇄나 프린트를 하고 봉투만을 붓글씨로 써도 된다. 부고를 전달하는 방법으로 다음과 같은 방법이 있다.

○ 전인(專人) 부고 : 인편으로 직접 보내는 것.

○ 우편부고 : 우편으로 보내는 것.

○ 신문부고 : 신문 광고란을 통해서 알리는 것(개별통고는 생략).

84

◉ 부고서식(訃告書式)

▶ 전인(專人) 부고 쓰는 법

某親(모친) 某人(모인) 以某月(이모월) 某日(모일)

得病(득병) 不幸於(불행어) 某月(모월) 某日(모일)

別世(殞命)(별세·운명) 專人(전인) 訃告(부고)

年(년) 月(월) 日(일)

護喪(호상) ○○○ 上

○○ 座前(좌전)

▶ 전서(專書) 부고 쓰는 법

訃告 〔부고〕

(姓名) 〔성명〕 大人 〔대인〕 以宿患 〔이숙환〕 累月伸吟 〔누월신음〕

不幸於今月 〔불행어금월〕 某日 〔모일〕 某時 〔모시〕 別世兹以 〔별세자이〕

專書訃告 〔전서부고〕

年 〔년〕 月 〔월〕 日 〔일〕

護喪 〔호상〕 ○○○ 上 〔상〕

○○○ 座下 〔좌하〕

▶ 신문 부고 쓰는 법

訃　告

洪某氏 大人 學生光州金公
以宿患(老患) 陰某月某日年前
某時 於自宅別世 玆以 訃告

葬地 ○郡○面○里某山
發靷 月 日 午前某時
年 月 日

嗣子 ○○○
次子 ○○○
弟 ○○○
親族代表 ○○○
友人代表 ○○○
護喪 ○○○

[참고]

① 상주성명(喪主姓名)은 맏상주의 성명을 쓴다.

② 망인(亡人)의 칭호는 부고를 호상이 보내는 것이니, 상주의 아버지면 대인(大人), 어머니면 대부인(大夫人), 조부이면 왕대인(王大人), 조모이면 왕대부인(王大夫人)이라 쓴다.

③ 망인 성명(亡人姓名)은 돌아가신 분의 이름을 쓴다.

④ 노환(老患)은 늙은이가 돌아가셨을 때 쓰고, 젊은

이가 병으로 죽었을 때는 숙환(宿患)이라 하고, 뜻
밖의 죽음에는 사고급사(事故急死)라 쓴다. 이때는
별세(別世)를 운명(殞命)이라고 쓴다.
⑤ 자이(玆以)를 사람이 직접 전할 때는 전인(專人)으
로 고쳐 쓴다.

❾ 습(襲)

습이란 향나무 삶은 물(香湯水)이나 쑥을 삶은 물로
시신을 정결하게 씻기는 것을 말하며, 시신의 옷을 벗
기고 홑이불로 가리고 씻긴다. 남자의 습은 남자가, 여
자의 습은 여자가 해야 하고 이때 필요한 물건은 다음과
같다.

◉ 목욕(襲) 준비물
① 물그릇 : 시신의 위쪽과 아래쪽에 놓는다.
② 새솜과 새수건 세벌 : 시신의 윗몸, 아랫몸을 씻고
　　닦기 위한 것

③ 주머니 다섯 개 : 목욕 후에 머리카락 좌우손톱 발
   톱을 깎아서 넣을 주머니
④ 빗 : 남여 공용

목욕을 시킬 때 시자(侍者 : 염하는 사람)는 우선 자기
손부터 씻고 나서 준비한 향탕수를 가지고 시신이 있는
방으로 들어가면 이와 때를 같이 하여 상주 이하 전원이
방 밖으로 나와 북쪽을 향해서 서 있는다. 시자는 시신
을 넣었다가 대렴(大殮)을 한 뒤에 이불 속에 넣는다. 평
시에 빠진 이(齒)가 있으면 함께 주머니 속에 넣는다. 목
욕한 물과 수건과 빗은 미리 파놓은 구덩이에 넣고 묻는
다. 이 절차가 끝나면 상주는 자리로 들어온다.

❿ 염(殮)

다음으로 염을 하는데 시자는 손을 씻고 따로 침상을
장막 밖에 마련해 놓고 수의를 펴 놓는다.
   여자의 수의는 저고리, 적삼(紅晃綠 : 삼작), 속곳, 단속

곳, 바지, 큰 허리띠, 저고리를 함께 겹으로 바르게 펴
놓는다. 남자의 경우는 속바지와 적삼을 입히고 망건을
씌우고 버선을 신긴 후에 다시 겉 바지를 입히고 대님과
행전, 요대(허리띠)를 맨 다음 네 사람이 시신을 들어서
침상으로 옮긴다.

겹쳐서 펴 놓은 겉옷을 아래로부터 위로 여민 후 매
지는 말고 다시 이불을 덮어둔다. 이때의 옷은 모호상
(붉은치마), 청상(푸른치마), 원삼조대, 대대머리, 가리는
두관, 명목, 악수, 버드나무, 비녀 등이다.

이때 준비할 수의는 다음과 같다.

① 복건(幅巾) : 검은 명주로 만든 것으로서 머리를
　　싸서 덮는다.

② 두건(頭巾) : 머리에 씌우는 수건과 같다.

③ 망건(網巾) : 머리카락을 싸는 것으로 검은 비단으
　　로 만든다.

④ 멱목(幎目) : 얼굴을 싸매는 것으로서 사방의 길이
　　는 한 자 두치이며 네귀에 끈을 달고 검은 색, 안
　　은 붉은 색의 명주로 한다.

⑤ 악수(握手) : 손을 싸매는 것으로서 길이는 한 자
두 치로 하고 폭은 다섯 치로 한다.

⑥ 충이(充耳) : 귀를 막는 것으로서 새 솜으로 대추
씨 같이 만든다.

⑦ 이의(裡衣) : 속옷으로 속적삼, 속바지를 준비한
다.

⑧ 겉옷 : 바지, 저고리, 버선, 대님, 요대(허리띠), 행
전, 두루마기, 조대(條帶), 대대, 토수(吐手)신(명주
에 종이를 붙여서 만든 신) 등이다.

⑨ 천금(天衾) : 시신을 덮는 홑이불이다.

⑩ 지금(地衾) : 시신 밑에 까는 이불이다.

⑪ 속포(束布) : 시신을 묶는 데 쓰이는 한지나 삼베
이다.

⑪ 설전(設奠)

　설전이란 상(喪)을 당하고 처음 지내는 제사로 주과
포혜(酒果脯醢)로 차린 상을 말한다. 이때 상주가 반함을
하는데 시신의 동편에 앉고 집사가 손을 씻고 잔에 술을
부어 시신의 동쪽(시신의 오른쪽)에 드리되 어깨 부근에 놓
고 곡을 한다.

⑫ 반함(飯含)

　반함이란 시신의 입에 구슬과 쌀을 물려주는 것을 말
한다. 준비물은 버드나무 숟가락, 쌀 한 홉, 무공주(無孔
珠 : 구멍이 없는 구슬 세 개이다. 이때 구슬이 없으면 동전으로 대
신한다.)이다. 상주는 왼쪽 소매를 벗어 바른편 허리에
꽂고 곡을 하면서 구슬 세 개를 담은 그릇과 생쌀(깨끗이
닦은 것 반 수저가량)을 담은 그릇에 버드나무 수저를 꽂은
것을 받들고 들어가 명건(螟巾)으로 시신의 면상을 덮고
나서 시신 동편 발치로부터 서편으로 올라온 다음 동쪽

을 향해 앉아 시신을 덮은 명건을 들고 버드나무 수저로 쌀을 조금 떠서 오른편, 왼편 그리고 가운데 입에 구슬 한 개씩과 함께 넣는다. 그리고 햇솜을 명주에 싸서 턱 아래를 채우고 복건을 씌우고, 충이(充耳)로 좌우의 귀를 막고, 멱목을 덮고, 신을 신기고, 심의(深衣)를 입힌다. 이때 옷깃을 산 사람과 반대로 오른편으로 여민 뒤 조대(條帶), 대대(大帶)를 같은 방향으로 두르고 악수(握手)를 맨다.

이것으로 습례(襲禮)가 끝난 것이다. 시신은 다시 이불을 덮어 시상에 모신다. 염습을 마친 뒤에 모든 기물(器物)은 태울 것은 태우고, 땅에 묻을 것은 묻어서 없애 버린다.

⑬ 소렴(小殮)

소렴은 수의를 입히는 절차로서 사망한 이튿날 아침에 행한다.

먼저 깨끗한 돗자리를 깔고 지금(地衾)을 펴 놓은 다음 속포(束布) 20마를 일곱 가닥으로 서려놓고 장포(長布) 7자를 길이로 깔고 그 위에 시신을 모신다. 위아래 옷을 각각 겹쳐서 아래부터 위로 올라가면서 입힌 다음 옷을 접어서 시신의 머리를 반듯하게 고여 몸을 바르게 하고 새 솜을 사용하여 어깨 사이에 빈 곳을 채운 후 좌우를 걷어맨다.

양쪽 다리는 옷으로 빈 곳을 채운 뒤 발끝까지 똑바르게 하고, 옷깃은 왼쪽에서 오른쪽으로 여미되 고름은 감기만 할 뿐 매지 않는다. 손은 악수(握手)로 싸매고, 귀와 콧구멍은 새 솜으로 막는다. 눈은 멱목(幎目)으로 싸매고, 머리는 복건과 두건을 씌운다. 두 손은 배 위에 모으고 이불로 고르게 싼 다음 장포 두 끝을 찢어서 각각 매고, 속포로 묶은 다음 끊어서 속포 한쪽 끝을 세 갈래로 찢어 발 쪽에서부터 머리 쪽으로 차례로 묶어 올라가는 것이다. 이렇게 일곱 폭으로 묶으면 매듭은 모두 21개가 된다. 이는 나중에 시신이 썩어도 흔들리지 않게 하기 위해서다.

이렇게 소염례(小殮禮)를 마친 후 시신을 시상에 모신다. 이때 남자 상제들은 시신의 동쪽에서, 여자 상제들은 서쪽에 서서 애곡한 다음 상제들은 머리 푼 것을 걷어 올리고, 남자는 포두건(布頭巾)에 베중단을 입고 자리에 나아가 애곡하고 집사가 전을 올리면 상제는 곡을 하는데 이때부터 대렴(大殮) 때까지는 곡을 그쳐서는 안 된다.

⑭ 대렴(大殮)

대렴은 소렴이 끝난 뒤 시신을 입관(入棺)하는 의식을 말한다. 이 대렴은 소렴을 한 이튿날에 하게 되므로 즉 죽은 지 사흘째 되는 날에 하는 것이다.

집사는 시상(屍床) 서쪽에 놓인 관(棺) 안에 칠성판을 깔고 지금(地衾)을 깐다. 다음은 대렴포(大殮布) 30자에 횡포(가로매) 두매를 놓고 매일폭의 양끝을 반씩 쪼개면 좌우가 각 여섯 쪽으로 되며 그리고 장포 한 폭을 놓고 양끝을 셋으로 쪼갠 후 그 위에 대염금(大殮錦)을 펴놓고 소렴한 시신을 그 위에 모신다. 그리고 발을 먼저 여민 다음 머리를 왼편, 오른편의 순으로 여미고 다시 장포를 세 매로 묶은 횡포를 좌우로 다섯 쪽만 묶고 한쪽은 제쳐놓은 다음 시신을 들어서 관속에 조금도 기우러지지 않게 넣는다. 이때 머리카락·손톱·발톱을 담은 다섯 개의 주머니를 관의 상하에 넣고 그 밖에 빈 곳은 망인의 옷을 말아서 시신이 움직이지 않게 채운다.

다음으로 천금(天衾)을 관속에 덮고 상주와 주부가 슬픔을 다해서 곡하고 다른 부인들은 장막 속으로 물러나면 목수가 관 뚜껑을 덮고 은정(나무못)을 박는다. 시신을 뉘었던 상(床)은 치우고 두꺼운 종이로 관을 싸서 50발 길이의 노끈으로 묶은 다음 다시 초석(짚자리)으로 싸고 백지로 싼 가느다란 동아줄로 묶고 다시 천금으로 관을 덮고 영좌를 설치한 후 전을 올리되 소염 절차와 같이 하고 상제 이하는 요질(腰絰: 짚과 삼을 섞어서 굵은 동아줄처럼 만들어 허리에 매는 띠)과 수질(首絰: 머리에 두르는 것으

로 짚에 삼 껍질을 감은 둥근 테)을 벗지 않은 채 조석으로 곡
을 한다.

1. 영좌(靈座)

대렴이 끝나면 영좌(靈座)를 마련한다. 관을 정침에
모시고 그 앞에 휘장을 친 뒤 교의에 사진이나 혼백을
모시고 그 앞에 제상(祭床)과 향상(香床)을 놓는다. 향로
(香爐), 향합(香盒), 모사기(茅沙器), 촉대(燭臺) 한 쌍과
띠, 수건 등 망인이 생시에 쓰던 물건을 갖다 놓는다.

2. 명정(銘旌)

명정은 고인의 관직과 성명을 적은 기(旗)를 말한다.
1m 60cm정도의 진홍빛 비단이나 명주의 전폭(全幅)에
금백(金帛)으로 글씨를 쓴다. 장사 지낼 때 상여 앞에서
들고 간 뒤에 관 위에 펴서 묻는다.
서식은 아래와 같다.

學生全州李公之柩

(또는 處士)

孺人光山金氏之柩

3. 공포(功布)

이것은 상여의 길잡이 역할을 하는 것으로서 도로의 높고 낮음과 길의 꺾임이 있을 때 이것을 사용해서 알린다. 발인할 때 명정(銘旌)과 함께 앞에 세우고 간다.

⑮ 혼백(魂帛)

혼백은 신주(神主)를 만들기 전에 임시로 삼베나 명주를 접어서 만든 신위(神位)이다. 빈소에 모셨다가 대상(大祥)이 끝나는 날 묘소에 묻는다. 요즘은 사진으로 대신하는 것이 통례로 되었다.

● 혼백 접는 법

① 삼베나 명주 한 폭(全幅)과 길이(長) 한 자 세치를 쓰되 길이(長)를 한 치 오푼씩 여덟 겹(8幅)으로 접으면 남는 것이 한 치가 된다. 이것을 펴서 편의상 순서를 정하여 접는다.

② 도표의 번호 1을 2와 맞닿게 접는다.

③ 번호 3을 이등분 하되 3이 보이게 접어서 1의 뒷면에 가게 접는다.

④ 번호 4를 접되 4가 보이게 하여 2의 뒤에 가게 접는다.

⑤ 번호 5의 중간을 접으면 번호 5는 보이지 않게 된다.

⑥ 번호 6과 번호 4가 서로 맞닿게 접으면 6은 보이
지 않게 된다.

⑦ 번호 7을 접어서 번호 6의 뒤편에 붙이면 7은 보
이게 된다.

⑧ 번호 8을 7과 맞닿게 붙여서 접는다.

⑨ 번호 4와 6의 사이를 벌리고 가로의 윗변을 한 치
로 접어서 4와 6에 붙게 안으로 접고 벌리기 전대
로 접는다.

⑩ 번호 7과 8의 사이를 벌리고 가로의 아랫변을 한
치 접어서 7과 8에 붙게 안으로 접고 벌리기 전대
로 접는다.

⑪ 번호 9를 접되 번호 4의 아랫변을 접을 것을 싸서
꽂으면 된다.

⑫ 도표와 같이 위(上)를 백지로 표시한다.

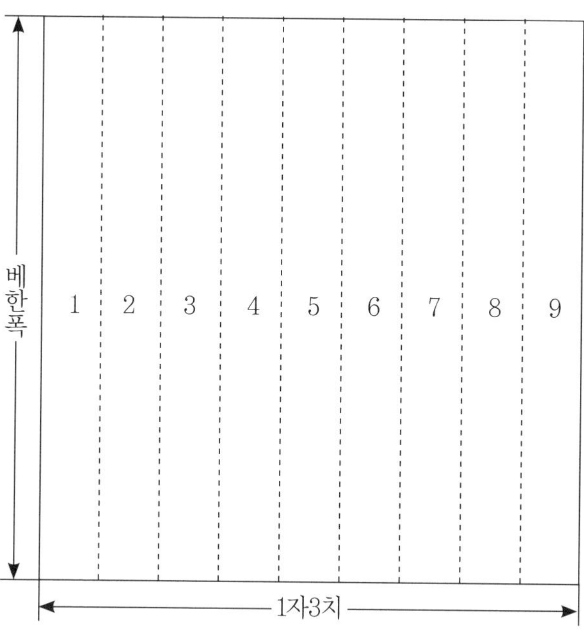
베한폭
1
2
3
4
5
6
7
8
9
1자3치

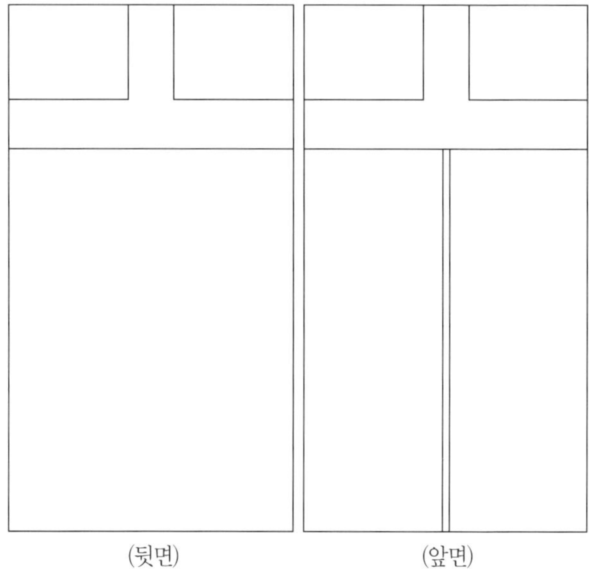

(뒷면)   (앞면)

⑯ 성복(成服)

성복은 대렴을 한 다음날, 즉 죽은지 4일째 되는 날에 상제들이 복제(服制)에 따라 상복(喪服)을 입는 절차를 말한다.

날이 밝으면 오복(五服)의 모든 사람들이 자기에게 해당하는 복을 입고 조곡(朝哭)을 하고 의식에 따라 조상을 한다. 남의 자식된 사람은 차마 부모가 죽은 것으로 여길 수가 없어서 급작스럽게 성복을 하지 않는다 한다. 이것으로 미루어 생각하면 대렴과 성복을 같은 날 하는 것은 잘못일 것이다. 그럼에도 사람들은 염습의 제구가 마련되지 못한 것을 이유로 3일이 지난 뒤에 대렴을 하고 당일로 계속해서 성복을 하니, 이는 본래의 뜻을 잃은 것이다.

상복은 남자인 경우는 머리에 효건(孝巾)을 쓴 다음 상관(喪冠)을 쓰고, 그 위에 수질(首絰)을 매고, 깃겹바지 저고리에 깃두루마기를 입고 중단(中單)과 제복(祭服)을 입고 그 위에 요질을 두른다. 발에는 짚신을 신고 3년 이상 복을 입을 사람의 경우에는 지팡이를 짚는다. 여자도 깃치마와 깃저고리를 입고 중단과 제복을 입은 다음 수질과 요질을 맨다.

상복제도에 있어 참최(斬衰)는 갓을 꿰매지 않고 재최(齋衰)는 갓을 꿰맨다. 모든 상복은 베로 만들고 수질과 요질은 삼근을 꼬아서 만든다. 상장(喪杖) 참최에는 대나무, 재최에는 상주가 어린이일 경우는 건과 수질만 쓰지 않는다. 고례(古禮)에는 어린이는 상장을 짚지 않는다고

했으나 역시 《가례(家禮)》에 의하여 3년 상을 입는 자는
지팡이를 짚는 것이 옳다. 시자(侍者)의 복은 중단(中單)
에 건만 쓰고, 첩이나 비녀(婢女)는 배자(背子)에 대나무
비녀를 꽂는다.

상복으로 갈아입으면 영좌 앞에 제상을 갖추어 제물
을 차려 놓고 혼백을 교의에 모시고 분향하고 잔을 올리
는데 아들·사위·아우·조카의 차례로 잔을 올린 다음
곡하고 재배한다. 남자는 영구의 동편에서 여자는 서편
에서 서로 마주서서 곡한다.

⑰ 복상(服喪) 제도

1. 참최(斬衰)

참최는 아들이 아버지를 위해서 3년 동안 입는 상복
이다. 그러나 적손(嫡孫)이 그 아비가 죽어서 조부나 증
조, 고조를 위하여 승중(承重)을 하는 자와, 또 아비가
적자(嫡子)를 위하여 입는 복도 마찬가지다. 비록 승중을
했어도 삼년 복을 입지 못하는 경우가 세 가지가 있다.

첫째 적손이라도 폐질(廢疾)로 인해서 사당에 제사를 지낼 수 없는 자, 둘째 서손(庶孫)이 그 뒤를 이었을 때, 셋째 서자로 대를 잇게 했을 때 등이다.

이상은 정복(正服)의 경우이고 의복(義服)에 있어서도 며느리가 시어머니를 위해서와 남편이 승중(承重)했을 때 그에 따라 입는 복도 마찬가지다.

아들이 그 아버지를 위해서 복을 입다가 소상(小喪)전에 죽으면 다시 그 아들이 소상때서부터 복을 받아 입게 되는데, 이것을 대복(大服)이라 하나, 가례(家禮)에는 실려 있지 않다. 그러나 초상에는 하루도 주상(主喪)이 없을 수가 없다. 아비가 병이 나서 집상(執喪)치 못하거나 상기(喪期)를 채우지 못하고 죽으면 그 아들이 아비를 대신해서 복을 입는 것을 실로 부득이한 일이다.

참최의 상복은 가장 거칠고 굵은 삼베로 만든다. 다만 아랫단을 깁지 않는 게 특징이다. 이것을 참(斬)이라고 이름 지은 것은 몹시 애통해 한다는 뜻에서 취한 것이다. 또 최(衰)는 역시 효자의 애통한 심정에서 한정 없이 복을 입을 효가가 있었기에 이에 선왕(先王)이 위로는 하늘을 본받고, 아래로는 땅에서 법을 취하고, 그 중간에서 사람의 도리를 찾도록 한 것이라 한다.

2. 재최(齋衰)

재최는 아들이 그 어머니를 위해서 3년 동안 입는 복이다. 하지만 아버지가 살아 있는데 어머니가 죽었거나, 출가한 딸이 어머니를 위해서는 3년을 입지는 않는다. 서자(庶子)가 자기 어머니를 위해서도 3년을 입지 못한다. 적손(嫡孫)이 그 아비가 죽었을 때, 조모나 증조모, 고조모를 위해서 승중(承重)한 자와 어머니가 적자를 위해서도 마찬가지다.

의복(義服)으로는 며느리가 시어머니를 위해서와 남편의 승중에 따라서 입는 복과 남편의 계모를 위해서도 마찬가지다.

아버지가 죽은 지 3년 안에 어머니가 죽으면 기년(朞年)만 복을 입는다. 아버지의 복을 벗은 뒤에 죽어야 비로소 3년 복을 입는다.

3. 장기(杖朞)

장기란 적손이 그 아버지가 죽고 조부가 있을 때 조모를 위해 입는 복이다. 승중을 했을 때는 증조모, 고조모의 경우도 마찬가지다. 계모, 적모에게도 의복(義服)으로 이와 같이 입는다. 또한 며느리도 시아버지가 생존해 있을 때 시어머니를 위해서 상복을 입는다.

3년 복은 윤달을, 기년은 1년을 상징한 것이며, 9개월은 물건이 3시에 이루어진 것을 상징하였고, 5개월은 오행(五行)을 상징하였고, 3개월은 1년 사시(四時) 중에 한 시를 상징한 것이다.

4. 부장기(不杖朞)

부장기란 조부모 · 백숙부모(伯叔父母) · 형제 · 중자(衆子)를 위해서 입는 복이다. 현재의 아들과 고모, 누이가 시집가지 않은 경우에도 마찬가지다. 시집을 갔어도 남편이나 자식이 없으면 역시 부장기를 입는다. 다음으로 여자로서 남편의 형제의 아들을 위해서나 첩이 큰 부인을 위해서, 남편의 중자를 위해서, 시부모가 적부(嫡婦)를 위해서도 마찬가지다. 5개월 복은 증조부를 위한 복이며, 3개월 복은 고조부를 위한 복이다.

5. 대공(大功)

대공은 종형제(從兄弟)와 종자매(從姉妹)를 위한 복이다. 중손(衆孫) 남녀에게도 마찬가지다. 굵은 숙포(熟布 : 표백한 베)로 상복을 만들어 입으며, 복상 기간은 9개월이다. 대공, 소공(大功, 小功)이라는 공은 삼베를 짠다는 공(功)이니 거칠고 가는 것을 뜻한다.

6. 소공(小功)

소공은 종조부(從祖父)와 종조고(從祖姑), 형제의 손자, 종형제의 아들, 재종형제(再從兄弟)의 경우에 입는 복이다.

외조부와 외숙, 생질의 경우에도 마찬가지다. 의복(義服)으로는 종조모와 남편의 형제의 손자, 남편의 종형제의 아들을 위해서 입는다. 형제의 아내와 남편의 형제에게도 마찬가지다. 제부(娣婦)와 시부(姒婦)끼리도 역시 소공복을 입는다. 장부(長婦)가 차부(次婦)를 보고 제부(娣婦)라고 하고, 제부가 장부를 보고 사부(姒婦)라 한다.

소공의 복상 기간은 5개월이다.

7. 시마(總麻)

시마는 정복(正服)으로 종증조부모(從曾祖父母), 증조의 형제자매, 형제의 증손에게 입는 복이다. 종형제의 자매, 외손, 내외종 형제에게도 마찬가지다. 의복으로는 남편의 종형제의 증손과 남편의 종형제의 손자와 남편의 종형제의 아들도 역시 시마복을 입는다. 서모(庶母), 유모(乳母), 사위와 장인, 장모에게도 마찬가지다. 그리고 모든 요사(夭死)한 사람을 위한 복은 차례에 따라 등급을 낮춘다. 납자로서 양자(養子) 간 사람과 시집 간 여자가 생가의 부모를 위한 복을 말하며 생가의 부모가 입어주는 복도 역시 마찬가지다.

[참고] 나이 8세에서 11세 사이에 죽는 것은 하상(下殤), 12세에서 15세 사이에 죽은 것은 중상(中殤), 16세에서 19세 사이에 죽은 것은 장상(長殤)이다. 8세 미만에 죽는 경우는 복이 없는 상(殤)이니 그저 곡만 하며, 3세 미만에 죽으

면 곡도 하지 않는다. 그리고 혼례를 치렀을 때는 상(殤)이라 할 수 없다. 또한 관례(冠禮)나 계례(筓禮)를 올렸을 때도 상으로 치지 않는다.

8. 심상(心喪)

심상이란 상복은 입지 않지만 상제와 같은 마음으로 3년 동안을 말과 행동을 삼가고 조심한다는 뜻이다.

제자가 스승을 위해서, 아비가 있을 때 어머니를 위해서, 집을 나갔거나 재가한 어머니를 위해서, 보모가 있을 때 자기를 길러준 부모를 위해서, 적손이 조부가 있을 때 조모를 위해서, 양자 간 자기 생가를 위해서, 며느리가 시아버지가 있을 때 시어머니를 위해서, 첩의 아들의 아내가 남편의 적모(嫡母)를 위할 때가 이에 해당한다.

⑱ 조석전(朝夕奠)과 상식(上食)

상중에 아침이면 조전(朝奠)을 올리고, 식사시간에는 상식을 올린다. 저녁에는 석전(夕奠)을 올리고 석곡(夕哭)을 한다. 곡은 수시로 하고, 매달 초 하루날 아침에 제물을 올릴 때는 모든 반찬을 올리고 새로운 음식이 있으면 천신(薦新)한다.

조전은 해가 뜨면 올리고 석전은 해가 진 뒤에 올린다. 조전이나 석전이 끝나면 음식은 치우고 술과 과실만 남겨 놓는다. 혹은 조전 때 쓴 음식은 석전에 가서야 치우고 석전 때 쓴 음식은 이튿날 조전 때에 가서야 치운다는 설도 있으나, 여름철엔 상할 염려가 있으니 그때 치우는 것이 옳다.

석전은 조전과 같다. 석곡(夕哭)을 할 때는 혼백(魂帛)을 받들어 영좌에 모시고, 상주 이하가 슬프게 곡을 한다. 새 음식을 천신하는 오곡이나 백곡 중의 어느 것이다든 새로 익었으면 반드시 해야 할 것이다.

3년 안에 천신하는 것은 오곡일 때는 밥을 지어서 상식으로 올리고 그 밖의 것도 상식때 함께 올리는 것이

옳을 것이다.

상식(上食)은 조전의 의식과 같다. 조전을 올린 뒤에 술잔만 올린 뒤에 술잔만 치우고 다른 음식은 치우지 않고 두었다가 다시 상식 음식을 올린다. 술을 잔에 따르고 밥그릇 뚜껑을 열며 수저를 바르게 한다. 조금 있다가 국 대신 숭늉을 올리고 잠시 후에 상을 치운다.

⑲ 조상(弔喪)

조상은 원칙적으로 성복 후에 하도록 되어 있다. 성복 전에는 가까운 일가친척들이나 또는 친한 친구가 가서 상주에게 인사만 하고 영구(靈柩)에 대해서는 절하지 않는다.

성복 후라도 망인과 생시에 면대가 없거나 여자의 경우에는 빈소(殯所)에 절하지 않고 상주에게만 인사한다. 상복을 입을 처지에 있는 사람만이 영위를 본다. 그 인사라는 것도 대개가 장사 치르는 데 대한 논의를 하게 되는 것이다.

조상하는 순서는 조객이 먼저 호상에게 성명을 통하고 들어가면 상주는 일어나 곡을 한다. 조객은 영구를 모신 쪽을 향하여 곡을 하고 두 번 절한 다음 상주에게 절을 하고 인사를 한다. 조객이 손위 어른이면 상주가 먼저 절을 한다. 조상할 때는 모두 소복(素服)을 하고, 양복일 경우에는 검정색을 입는다. 가지고 가서 올리는 물건은 차(茶)·양초·술·과실 등으로 한다. 부의(賻儀)는 돈이나 비단으로 하고 글을 써서 이름을 알린다.

상가에 부의를 보낼 때는 백지에 단자(單子)를 써서 봉투에 넣어 보낸다. 단자를 쓰지 않을 때는 봉투 표면에 물목을 표기한다. 조물(弔物)은 물품을 따로 싸고 단자만 봉투에 넣어 보내는데, 그 문구와 서식은 다음과 같다.

初喪 (초상)	謹弔 근조	賻儀 부의	弔儀 조의	香燭代 향촉대
大小喪 (대소상)	香奠 향전	奠儀 전의	菲儀 비의	菲品 비품

◉ 부의금 보낼 때의 서식

▶ 부의 봉투 쓰는 법

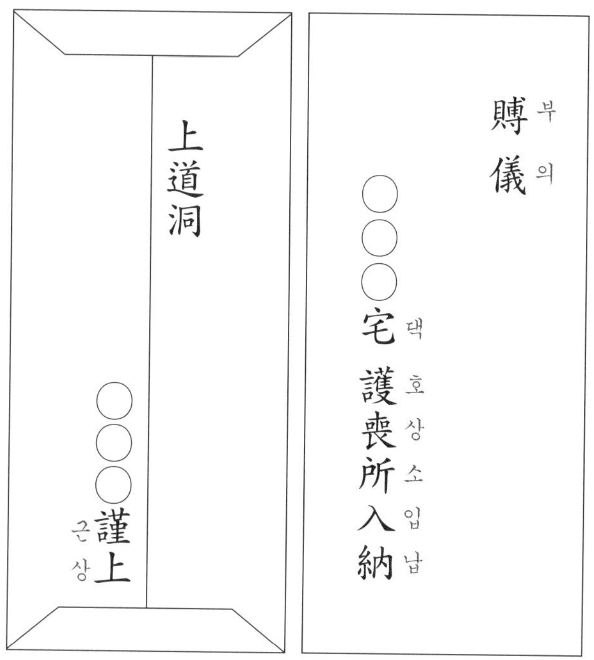

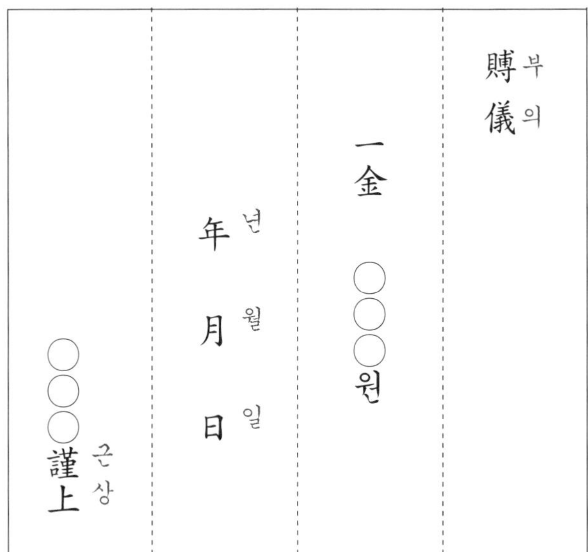

⑳ 조문(弔問)과 위문(慰問)

1. 부모상(父母喪)과 승중상(承重喪)

조객은 먼저 궤연(几筵)에 곡하고 재배한 후 상주에게 절하고 꿇어 앉아 정중한 말로 "상사(喪事)말씀 무슨 말씀 여쭈오리까"하고 조의만 말한다. 상주는 고개를 숙

이고 "아이고"하며 지극히 슬픈 표정을 하는 것이 보통
이나 "망극하오이다"하고 대답함도 무방하다. 상주가 "
아이고"하는 것은 애이고(哀而苦 : 애이고 슬프고도 괴롭다는
뜻)라는 의미이다. 그 외에 조객으로 인사하는 말 몇 가
지를 들면 다음과 같다.

조객 – 병환이 심각하여 위중하시다 상사까지 당하
　　　시니 오죽이나 망극하십니까?

상주 – 망극하기 한이 없습니다.

조객 – 그처럼 초민하시더니 상사까지 당하시니 오
　　　죽이나 망극하십니까?

상주 – 그처럼 오래 고생하시다가 영영 회춘하시지
　　　못하시니 참으로 망극합니다.

조객 – 항상 객지에만 계시다가 뜻밖의 상사를 당하
　　　시니 더욱 망극하시겠습니다.

상주 – 직무에 얽매여 슬하에서 봉양 못한 것이 원한
　　　입니다.

[참고] 승중상은 아버지가 일찍 돌아가셔서 손자가
　　　 아버지 대신 조부모의 상복을 입는 것인데 상
　　　 례의 모든 절차는 부모상과 동일하다.

2. 처상(妻喪)

조객 – 상사에 여쭐 말씀이 없습니다.

상주 – 상봉하솔(上奉下率)에 앞이 캄캄합니다.

조객 – 얼마나 섭섭하시겠습니까?

상주 – 젖먹이가 있어서 그것이 제일 불쌍합니다.

조객 – 고분지통(鼓盆之痛)이 오죽하겠습니까?

상주 – 신세 한탄이 간절합니다.

[참고] ① 상봉(上奉)은 부모님을 모신다는 말이고,
　　　　　 하솔(下率)은 어린 자식을 기른다는 말이
　　　　　 다.
　　　 ② 고분지통(鼓盆之痛)은 아내의 죽음을 슬퍼
　　　　　 한다는 뜻이다.

3. 부상(夫喪)

조객 - 상사 말씀 무슨 말씀 여쭈오리까?

상주 - 꿈인가 합니다.

조객 - 천붕지통(天崩之痛)이 오죽하겠습니까?

상주 - 저의 박복으로 아까운 장부(丈夫)가 요수(夭壽)
한 것이 유감입니다.

[참고] 천붕지통(天崩之痛)이란 하늘 무너지는 것 같
은 아픔이라는 뜻으로 제왕이나 아버지의 죽
음을 당한 슬픔을 이르는 말이다.

4. 자상(子喪)

조객 　 - 참척(慘慽)을 보시고 오죽이나 비감(悲感)하
십니까?

상주 1 - 인사 받기가 부끄럽습니다.

상주 2 - 가운(家運)이 불길(不吉)하여 이 지경을 당
하니 비참할 따름입니다.

[참고] 참척(慘慽) : 자손이 부모나 조부모보다 먼저
죽는 일

5. 형제상(兄弟喪)

조객 - 백씨(伯氏) 상사를 당하시니 오죽이나 비감하
   시겠습니까?

상주 - 부모 앞에 득죄한 것이 이루 말할 수 없습니
   다.

㉑ 치장(治葬)

치장이란 장지로 가서 매장하는 절차를 말한다. 최후
의 영결을 하기 전에 장사 지낼 묘 자리를 먼저 잡은 다
음 장사 지낼 날을 정하고 이를 미리 친척 또는 친지들
에게 알리는 동시에 조전(朝奠) 때 영연(靈筵)에 고한다.

날짜를 정하면 영역(塋域)에 공사를 시작하고 사토제
(祠土祭)를 지낸다. 이날 상주는 조곡(朝哭)을 마치면 집
사를 데리고 묘지로 정해진 자리에 네 모퉁이를 판 다
음에 표목(標木)을 세운다. 먼 친척이나 손님 중에 한 사
람을 가려서 후토(后土), 즉 토지신(土地神)에게 고하도록
한다. 이때 축관은 집사를 데리고 표목 중간에서 신위

(神位)를 남향으로 준비하고, 술잔에 술을 따르고 제물을
진설한다. 이때 상주는 여기에 참례하지 않는다.

1. 영연(靈筵)에 고하는 고사(告辭)

금 이 득 지 어 모 군　모 리
今已得地於某郡　某里

모 좌 지 원　장 이　모 월
某坐之原　將以　某月

모 일　양 봉　감 고
某日　襄奉　敢告

[해설] 이미 땅을 ○○고을 ○○마을 ○○좌 언덕에
얻어서 장차 장례를 모시겠음을 아뢰옵니다.

2. 토지신(土地神)에 고하는 축문

유 세 차 간 지　　모 월 간 지 삭
維歲次干支　某月干支朔

모 일　간 지
某日　干支

모 관 성 명
某官姓名〔官職이 없으면 幼學某라고 쓴다〕

감 소 고 우　　토 지 지 신
敢小告于　土地之神

금 위　　모 관 성 명　　영 건 택 조
今爲　某官姓名　營建宅兆

신 기 보 우　　비 무 후 간　근 이
神其保祐　俾無後艱　謹以

청 작 포 과　　지 천 우 신　상　향
清酌脯果　祇薦于神　尚　饗

[해설] ○○는 토지신에게 고하나이다. 이제 아무개의
묘를 마련하오니 신께서 도우셔서 뒤에 어려움
이 없도록 바라옵고 맑은 술과 포과로서 올리
오니 흠향하소서.

3. 동강선영축문(同岡先塋祝文)

유 세 차 간 지 모 월 간 지 삭
維歲次干支 某月干支朔

모 일 간 지
某日 干支

고 자 모 봉 사 자 명
孤子某(奉祀者名)

감 소 고 우
敢昭告于

현 고 모 관 부 군 지 묘
顯考某官府君之墓

今爲 某官 府君 營建

宅兆于 某所 謹以

酒果用伸 虔告謹告

[해설] ○○는 감히 고하나이다. 아버지의 묘를 이제
모공(某公)의 묘소가 계신 모처(某處)에 드리게
되었사옵기 삼가 주과로 경건히 고하나이다.

[참고] 모소(某所)는 묘의 좌, 혹은 우편의 위치를 말
한다. 영건택조우(營建宅兆于)를 선장(先葬)에
합장할 경우에는 합폄우(合窆于)라 쓴다.

4. 광중(壙中)

광중이란 시체가 놓이는 무덤의 구덩이 부분을 이르는 말이다. 광중을 만들 때 내외 합장(合葬)일 때는 서편을 위로 삼아서 남자의 자리로 정한다. 요즘 풍속에는 품(品)자 모양으로 묘를 쓰는 일이 있는데, 이는 예법에 어긋나는 일이니 삼갈 일이며, 원배(元配)는 합장하고, 계배(繼配)는 다른 곳에 써야 한다.

광중을 팔 때 금정기(金井機)를 땅 위에 놓고 역사를 시작한다. 금정기란 네 개의 나무로 정(井)자 모양으로 관(棺)의 치수가 비슷하게 만든 것이다.

광중을 다 판 다음에는 석회(石灰)에 모래를 배합한 것을 가지고 관이 들어갈 자리의 주위와 바닥을 다져서 곽(槨)과 같이 만든다.

장사 지내는 날 돌 두 쪽을 광중 앞 가까운 곳에 묻는데 이것을 지석이라 한다. 요즘에는 오지그릇을 불에 구워서 지석으로 쓰는데 정결해서 매우 좋다. 거기에 글자를 새기면 더욱 좋다.

5. 지석(誌石)

◉ 지석(誌石) 뚜껑에 새기는 글

모 관　모 공 휘　모 씨 지 묘
某官 某公諱 某氏之墓

◉ 지석 밑바닥에 새기는 글

모 관　모 공 휘 모　자 모
某官 某公諱某 子某

모 군 모 동 인　고 휘 모
某郡某洞人 考諱某

모 모 씨 모 봉　모 년 월 일 생
母某氏某封 某年月日生

經歷 某年月日終

某年月日 葬于某鄕

某里某處 娶某氏

某人之女 子男某 某官

女適 某官某人

◉ 부인의 지석 뚜껑에 새기는 글

某官姓名 某封 某氏之墓

서 년 약 간　적 모 씨
敍年若干　適某氏

인 부 자　치 봉 호
因夫子　致封號

㉒ 천구(遷柩)

천구란 영구를 밖으로 내가려고 옮기는 것을 말한다. 발인(發靷)하기 하루 전날 조전(朝奠)에 천구할 것을 고한다. 영구를 받들고 사당에 가서 뵙고, 마루로 옮기고 나서 대곡(代哭)을 시킨다. 오복을 입을 친척들은 저마다의 상복을 입고 모두 모여서 곡을 한다.

조전을 올릴 때는 축관이 술을 올리고 북쪽을 향하여 무릎을 꿇고 고사(告辭)를 읽고 일어나면 상주 이하 모두가 곡을 하고 두 번 절한다. 영구(靈柩)를 옮기려 할 때는 부인들은 피하고 상주 이하 모두는 서서 지켜본다.

1. 이때 읽는 고사천구청사축문(告辭遷柩聽祀祝
   文)

금 이　길 신 천 구　　감 고
今以　吉辰遷柩　敢告

[해설] 관을 밖으로 옮기기를 청하나이다.

2. 조전축문(祖奠祝文)

영 천 지 례　영 신 불 류
永遷之禮　令辰不留

금 봉 구 거　식 준 조 도
今奉柩車　式遵朝道

[해설] 영원히 가시는 예이오며, 좋은 때가 머무르지
아니하여 상여를 받들겠사오니 아침 길을 인
도해 주소서.

㉓ 발인(發靷)

발인은 장례를 지내러 가기 위하여 상여가 집에서 떠
나는 절차를 말한다. 날이 밝으면 영구를 상여에 모시고
견전(遣奠)을 지낸다. 다시 말하면 집사가 조전(朝奠) 지
낸 것을 치우면 축관이 북쪽을 향해서 무릎을 꿇고 고사
를 읽는다. 이때 일꾼들이 영구를 옮겨 상여에 싣고 새
끼로 튼튼히 맨다. 상주는 영구를 따라 곡하면서 내려가
싣는 것을 지켜보고 부인들은 장막 안에서 곡한다. 상여
맨 앞에는 방상(方相)을 세우고, 다음에 명정을, 그리고
영거(靈車), 상여의 순으로 선다. 상여 앞에는 공포(功布)
가 서고, 곁에는 운삽(雲翣)을 세운다. 방상(方相)이란 초
상 때 묘지에서 창을 가지고 사방의 모퉁이를 지키는 사
람이다.

㉔ 견전(遣奠)

견전이란 영구가 장지(葬地)를 향해서 떠날 때 지내는 제사를 말한다. 음식은 조전(朝奠)때와 같이 진설하고 축관이 술을 따라 올린 다음 무릎을 꿇고 고사(告辭)를 읽고 나면 상수 이하는 모두가 곡을 하고 절을 한다. 예법에는 없지만 효심의 발로로서 제사가 끝나면 포(脯)를 거두어 상여에 넣는 일이 있다.

● 견전축문(遣奠祝文)

영 이 기 가　　왕 즉 유 택
靈輀旣駕　往卽幽宅

재 진 견 례　　영 결 종 천
載陣遣禮　永訣終天

[해설] 상여를 매게 되었사오니 다음은 곧 무덤일 것

입니다. 떠나 보내옵는 예를 베푸오니 영원토
록 이별 하옵심을 고하나이다.

㉖ 운구(運柩)

영구를 묘소로 모시고 가는 상제는 도보 배행을 하는
것이 원칙이나, 원거리에 묘지가 있는 경우, 또는 발병
(發病)으로 도보 배행이 어려울 때는 화려하지 않은 수레
를 타고 가다가 묘소 앞 삼백 보(步)쯤에서 내린다.

상여로 운구할 때 묘지에 이르는 도중에 이른바 거릿
제라고 하여 노제(路祭)를 지내기도 하는데, 이는 고인과
친한 친구나 친척 중에서 뜻있는 사람이 스스로 조전자
(弔奠者)가 되어 제물을 준비하였다가 지내는 것이다. 운
구 도중 적당한 장소에 장막, 혹은 병풍을 쳐서 제청(祭
廳)을 마련하여 영여(靈輿)를 모셔 그 앞에 제물을 진설
하고 상주 이하 복인들이 늘어서면 조전자(弔奠者)가 분
향(焚香)한 후 술잔을 올리고 꿇어 앉아서 제문(祭文)을
읽으면 모도 재배(再拜)한다.

　　노제 축문은 조전자가 망인과의 정의와 그분의 업적

등을 칭찬하는 작사(作詞)로 하여 조의(弔意)를 표한다.

◉ 노제축문(路祭祝文)

유 세 차 간 지　대 세
維歲次干支(大歲)

모 월 간 지 삭
某月干支朔

모 일 간 지　일 진
某日干支(日辰)

유 학 모
幼學某(弔奠者 姓名)

감 소 고 우　현 고 모 관 부 군
敢昭告于 顯考某官府君

(某公, 某封, 某氏)

지 구 상 향
之柩 尚饗

[해설] 모(某)는 감히 모공(某公)의 관(棺)에 고하나이
다. (고인의 덕행과 업적 등을 씀) 흠향하소서.

㉖ 하관(下棺)과 성분(成墳)

하관할 때 상주 형제들은 곡을 그치고 하관하는 것을
자세히 지켜본다. 다른 물건이 떨어지거나 관이 비뚤게
놓이지 않나 하는 것을 살펴본다.

하관을 하는 데는 먼저 가느다란 나무 두 개를 회벽
(灰壁) 위에 놓고 기다란 나무 두 개를 광구(壙口)에 놓은
다음 영구 위에 있는 명정과 구의(柩衣)를 벗기고 관을
나무 위에 올려놓는다. 여기에서 다시 무명 두 가닥으로
관 밑바닥을 떠서 양쪽 머리에서 관을 들고 장목을 치운

다음 서서히 광중(壙中)으로 내려 보낸다. 회벽 위 나무에 관이 놓이면, 거기에서 다시 비뚤어지지 않았는가를 살핀 뒤에 나무토막을 치우고 광중으로 내려 보낸다.

이것이 끝나면 현훈(玄纁)을 가져다가 상주에게 주면 상주는 받아서 축관에게 준다. 축관은 이것을 받들고 들어가 관의 동쪽, 즉 죽은 사람의 왼편에 바친다. 또 현(玄)은 동편 위에 훈(纁)은 서편 아래에 올린다. 상주가 두 번 절하고 이마를 조아리고 나면 모든 사람이 슬프게 곡을 한다.

현훈이란 장사 지낼 때에 산신에게 드리는 검은 색과 붉은 색의 두 조각 폐백으로서 이것을 색실로 동심결로 묶은 것이다.

석회(石灰)를 처음 넣을 때는 관 위에 횡판(橫板)을 대서 회가 관에 직접 닿지 않게 한다. 백회로 관 위를 채운 뒤에 지석(誌石)대 위에 글씨를 쓰는 수도 있다. 그리고 상주는 두루마기나 옷자락에 깨끗한 흙을 담아 관의 상하좌우로「취토! 취토! 취토!」라고 세 번 외치면서 먼저 흙을 던진다. 흙을 채울 때는 한자쯤 채우고서 다진다. 다음에 지석을 묻고 성분(成墳)을 한다.

◉ 평토후사토지신축문(平土後祀土地神祝文)

유 세 차 간 지 모 월 간 지 삭
維歲次 干支 某月干支朔

모 일 간 지 유 학 모
某日干支 幼學某

감 소 고 우 토 지 지 신 금 위
敢昭告于 土地之神 今爲

모 관 폄 자 유 택 신 기 보 우
某官 窆玆幽宅 神其保佑

비 무 후 간 근 이
俾無後艱 謹以

청 작 포 혜 과
淸酌脯醢(果)

지 천 우 신 상 향
祗薦于神 尚 饗

[해설] ○○는 토지신에게 감히 고하나이다. 이제 모
　　　(某)의 묘를 마련하니 신께서 도우서서 뒤에
　　　어려움이 없도록 하여 주시기 바라옵고 맑은
　　　술과 포혜로서 올리오니 흠향하소서.

◉ 평토후제주제축문(平土後題主祭祝文)

유　세　차　　간　지　　모　월　간　시　삭
維歲次 干支 某月干支朔

모　일　간　지　　고　자
某日干支 孤子〔母喪에는 哀子〕

모　　감　소　고　우
某 敢昭告于

현　고　　모　과　부　군
顯考 某官府君

형　귀　둔　석　　신　반　실　당
形歸窀穸 神返室堂

신 주 기 성　복 유 존 령
神主既成　伏惟尊靈

혼 상 유 존　잉 구 시 의
婚喪猶存　仍舊是依

[해설] 아들 ○○는 감히 아버님께 고하나이다. 신혼
(神魂)은 집으로 돌아가시옵소서. 신주는 이미
사당에 모시었으니 영혼은 옛과 같이 여기에
기대시고 의지하소서.

평토(平土)를 한 뒤에는 금정기(金井機)안에 숯가루나
혹은 석회를 조금 뿌려 둔다. 이것을 다음 날에 혹 분묘
를 고치거나 합장을 할 경우에 참고가 되게 하기 위함
이다.

비석은 좋은 돌을 골라서 하되, 길이는 석자 정도로
하고, 넓이는 한 자 정도로 한다. 두께는 넓이의 삼분의
이쯤이 적당하다.

비석에 쓰는 글이 한 장일 때는 다른 줄에 「某封某氏

示付左」라고 쓴다.

㉗ 반곡(返哭)

반곡(返哭)이란 상주 이하가 영거(靈車)를 모시고 천천히 집으로 돌아가면서 곡하는 것을 말한다. 집에 이르러 문이 보이면 모두 다시 곡을 한다.

집에 도착하기 전에 집사가 만들어 놓은 영좌에 축관이 신주를 그 자리에 모셔놓고 혼백은 그 뒤로 놓는다. 이때 상주 이하는 영좌 앞에 나아가 슬피 곡을 한다.

㉘ 우제(虞祭)

1. 초우제(初虞祭)

초우는 반드시 장례를 모신 날 중으로 지낸다. 혹시 묘소가 멀더라도 이 날을 넘기지 말아야 하며, 만일 집이 멀어서 당일 못하고 중도에서 유숙하게 되는 경우는 유숙하는 집에서라도 지낼 일이다.

이 날 상주 이하는 모두 목욕을 하지만 빗질은 하지 않는다. 만일 부득이 목욕할 겨를이 없으면 간단하게나마 몸을 씻는 것이 옳다.

초우 이후부터는 정식 제사(祭祀)로 지낸다. 서쪽 뜰서 남쪽 위에 세숫대야와 수건을 준비한다. 대야는 탁자 위에 놓고 수건을 줄을 매고 걸어 놓는다. 술병은 영좌 동남쪽에 탁자를 마련하고 그 동쪽에 놓아둔다. 술잔과 잔받침 그리고 퇴주(退酒)그릇도 그 위에 놓아둔다. 화로를 영좌 서남쪽에 놓고 그 서쪽에 탁자를 준비하여 그 위에 축판(祝板)을 놓고 향로에 불을 담아서 역시 그 위에 놓는다. 또 이 향안(香案) 앞에 모래를 담아 놓고 그 위에 띠(茅)를 조금 묶어 놓는다. 날이 어두워지면 촛불을 켜고 제물은 조전(朝奠)과 같이 한다.

2. 강신(降神)

강신할 때는 축관이 곡을 그치도록 한다. 이때 상주는 서쪽 뜰로 내려가서 손을 씻고 영좌 앞으로 나가서 분향하고 두 번 절한다. 집사도 손을 씻고 한 사람은 술병을 들고 상주의 오른편에 서고, 한 사람은 잔반(盞盤)을 가지고 왼편에 선다.

상주와 집사가 꿇여 앉아서 병을 가진 집사가 술을 따르면 주인은 받아서 띠 위에 붓고 빈 잔을 집사는 준다. 집사는 이것을 받아 탁자 위 제자리에 놓는다. 상주는 엎드렸다가 일어나 조금 뒤로 물러나와 두 번 절하고 본래의 자리로 간다.

이렇게 강신(降神)이 끝나면 축관은 제물을 올리는데 집사가 이를 돕는다.

3. 초헌(初獻)

초헌이란 제사에 첫 번째로 잔을 신위(神位)에 드리는 것을 말한다. 그 절차는 상주가 영좌 앞으로 나아가면 집사가 영좌 앞에 있는 잔을 가져다가 상주에게 주고 술을 따른다. 상주는 받은 술을 모사(茅沙)위에 삼제(三除)한 다음 집사에게 건네주고 잠시 엎드렸다가 일어선다. 집사는 받은 잔을 영좌 앞에 놓고 밥그릇 뚜껑을 열어 놓는다. 상주 이하가 모두 무릎을 꿇고 엎드리면 축관이 축판(祝板)을 가지고 상주 왼쪽으로 나와 무릎을 꿇고 축

문을 읽는다. 축관이 축문을 다 읽고나면 상주는 곡하고
두 번 절한 뒤에 다시 제자리로 와서 곡한다.

◉ 초우축문(初虞祝文)

유 세 차　간 지　모 월　간 지 삭
維歲次 干支 某月 干支朔

모 일 간 지　고 자
某日干支 孤子〔母喪엔
　　　　　　　哀子〕

모 감 소 고 우　현 고
某敢昭告于 顯考

모 관 부 군　일 월 불 거　엄 급
某官府君 日月不居 奄及

초 우　재 우　　삼 우
初虞(再虞 또는 三虞)

142

숙 흥 야 처　애 모 불 녕
夙興夜處　哀慕不寧

근 이　　　　　청 작 서 수
謹以〔妻엔 茲以〕**清酌庶羞**

애 천　　　협 사　　　　　상 향
哀薦〔妻엔 陳此〕**祫事**〔再虞엔 虞事
三虞엔 成事〕**尙饗**

[해설] 아버님 돌아가시고 어언 초우가 되었습니다. 밤낮으로 사모하여 편할 수가 없습니다. 삼가 맑은 술과 음식으로 제사를 지내오니 흠향하옵소서.

4. 아헌(亞獻)

두 번째로 신위에 잔을 올리는 것을 아헌이라 한다. 이것은 주부가 하는데, 모든 절차는 초헌 때와 같으나 축문은 읽지 않는다. 절은 네 번을 하며, 손자가 승중(承重)인 경우에는 손부(孫婦)가 하게 된다.

5. 종헌(終獻)

종헌은 상주 다음으로 가까운 사람이 하는데, 남녀 구별 없이 아헌 때와 같은 절차로 행하여 올린 술잔은 그대로 두어둔다.

다음으로 하는 절차는 유식이다.

① 유식(侑食) : 유식이란 원래 웃어른을 모시고 식사를 한다는 말도 되고 또 식사를 즐겁게 들도록 한다는 말도 된다. 여기서는 후자에 속한다.

② 합문(闔門) : 합문이란 문을 닫는 것을 말한다. 문이 없으면 발을 내린다. 상주와 남자들은 문밖 동쪽에 서서 서쪽을 향하고 주부와 여자들은 문 서쪽에 서서 동쪽을 향한다. 이런 자세로 식사시간만큼 기다린다.

③ 계문사신(啓門辭神) : 계문사신이란 신으로 하여금 작별케 하는 것을 말한다. 축관이 문 북쪽에 가서 기침을 세 번 하고 문을 열면 상주 이하가 모두 제자리로 돌아간다. 집사는 국을 거두고 그 대신 냉수를 가져다가 국을 놓았던 자리에 놓고는 3초반

한 다음 축관이 상주 오른쪽에 서서 서쪽을 향해
서 이성(利成)을 고한다. 3초반은 세 번 밥을 떠서
물에 마는 것을 말한다.

④ 이성(利成) : 신위에 대하여 음식 올리는 일이 끝났
음을 말한다. 이(利)는 즉 양(養) 이요, 성(成)은 필
(畢)이니 양례(養禮)가 끝났다는 말이다.

이때 집사는 수저를 내려놓고 밥그릇 뚜껑을 덮고 자
기 자리로 간다. 상주 이하는 모두 곡하면서 두 번 절하
고 축관은 축문을 불사른다. 이로써 제사는 끝나고 밖으
로 나가면 집사는 제물을 치운다.

만일 초우를 낮에 지냈으면 저녁에 상식을 다시 올린
다. 상식과 우제는 별개의 행사이기 때문이다. 이때부터
조석전(朝夕奠)은 올리지 않는다.

6. 재우(再虞) · 삼우(三虞)

초우를 지내고 재우를 지낸 후 첫 유일(柔日)을 당하
면 삼우를 지낸다. 그러나 조석전을 올리지 않더라도 슬
픈 마음이 생기면 언제라도 곡하는 것이 또한 예이다.

유일이란 을(乙)·정(丁)·계(癸)의 간지(干支)에 해당
한 날이다. 제사를 지내는 법은 초우 때와 똑같다. 하루
전에 제기(祭器)를 정리하고 음식을 마련하여 동이 틀 무
렵에 일어나 채소와 실과와 술과 반찬을 진설하고 날이
밝으려 할 때 제사를 지낸다.

강일(剛日)이란 갑(甲)·병(丙)·경(庚)·임(任)에 해당
한 날이다. 제사 지내는 법은 재우 때와 마찬가지다.

㉙ 졸곡(卒哭)

졸곡은 삼우가 지난 뒤 3개월 안에 강일(剛日)에 지내
는 제사이다. 요즘 풍속에는 귀천 없이 모두 3개월만에
강일을 지내지만 고례에 의하면 대부(大夫)만이 석달만
에 장사를 지내지만 사(士)는 1개월을 넘어서 지낸다. 제
사 지내는 의식은 모두 우제(虞祭) 때와 같다.

강일 지낸 후는 조석에 슬픈 마음이 생겨도 곡하지
않는다. 그리고 상주 형제들은 채소와 밥은 먹으나 실과
는 먹지 않는다.

◉ 졸곡 축문(卒哭 祝文)

유 세 차 간 지 　 모 월 간 지 삭
維歲次 干支 某月干支朔

모 일 간 지 　 고 자 모
某日干支 孤子某

감 소 고 우 　 현 고 모 관 부 군
敢昭告于 顯考某官府君

일 월 불 거 　 엄 급 　 졸 곡
日月不居 奄及 卒哭

숙 흥 야 처 　 애 모 불 녕
夙興夜處 哀慕不寧

근 이 　 청 작 서 수
謹以 淸酌庶羞

애 천 　 성 사 　 상 　 향
哀薦 成事 尙 饗

[해설] ㅇㅇ는 감히 아버님께 고하나이다. 아버님 돌아가시고 어언 졸곡의 때가 되었습니다. 밤낮으로 슬피 사모하여 편할 수 없습니다. 삼가 맑은 술과 여러 음식을 올리오니 흠향하소서.

[참고] 이 축문에서도 칭호에 대해서는 우제 때의 축문과 같다.

㉚ 부제(祔祭)

부제란 신주를 그 조상의 신주 곁으로 모실 때 지내는 제사로서 졸곡을 지낸 다음날 지낸다.

◉ 신주를 모셔 내올 때 읽는 축문

금 이 현 고 모 관 부 군
今以 顯考某官府君

원 휘 지 진 감 청
遠諱之辰 敢請

신 주 출 취 정 침
神主出就 正寢

[해설] 돌아가신 날이 옴에 신주가 나오셔서 정침(正寢)에 나아가시기를 감히 청하나이다.

㉛ 치상(治喪) 뒤 인사

장례식이 끝나면 일보던 사람들이 돌아가는데, 이때 상주는 물론이려니와 상제들이 각각 치사의 인사를 잊어서는 안된다. 때에 따라서는 수고를 해주신 분들에게 사례를 해야 할 것이다.

1. 조장(弔狀)과 답장(答狀)

▶ 조장 예문

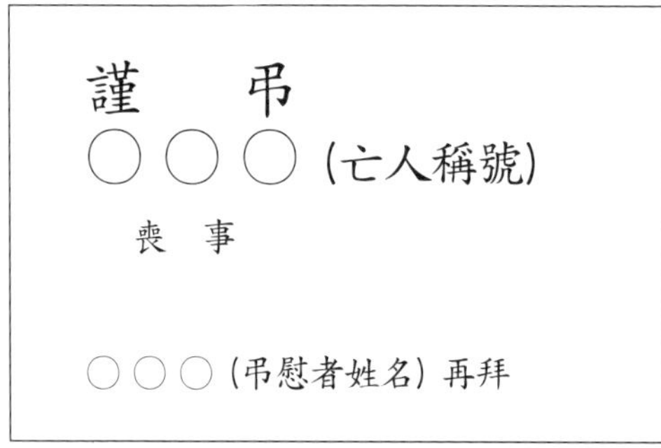

부친께서(또는 모친) 별세 하셨다니 참으로
놀라운 일이오며 부득이한 사정으로 곧 가
서 조문치 못하고 서면으로서 삼가 조의를
표하나이다.

년　월　일

○ ○ ○ 근조

○ ○ ○ 귀하

伏蒙 尊座

附賜 慰問

不勝 哀感

年　月　日
○○○ (喪主姓名) 再拜
○○○ 氏 座前

부친(또는 모친) 상중에 정중하신 위문과
부의(賻儀)를 보내 주시어 감사하옵니다.
염려하여 주신 덕택으로 장례를 무사히 마
쳤사옵기 삼가 감사의 뜻을 표하옵니다.

년　월　일

○ ○ ○ 재배

○ ○ ○ 귀하

稽顙再拜言

今般 先考喪事時에는 公私多忙하신 중에 鄭重하신 弔
問과 厚賻를 伏蒙하와 無事히 葬禮를 畢하였사옵기 宜
當進拜致謝할 것이오나 荒述中 于先 紙上으로 人事말
씀을 올리나이다.

年　　月　　日
孤哀子 ○○○

[참고] ① 근조(謹弔)는 부모상가 승중상(承重喪)에 한
하여 쓰고

② 상사(喪事)가 손아래 사람인 경우에는 상변
(喪變)이라 쓴다.

③ 애전(哀前)은 부모상과 승중상에 있는 사람
에게만 쓰고 그 밖에는 복좌전(服座前)이라
쓴다.

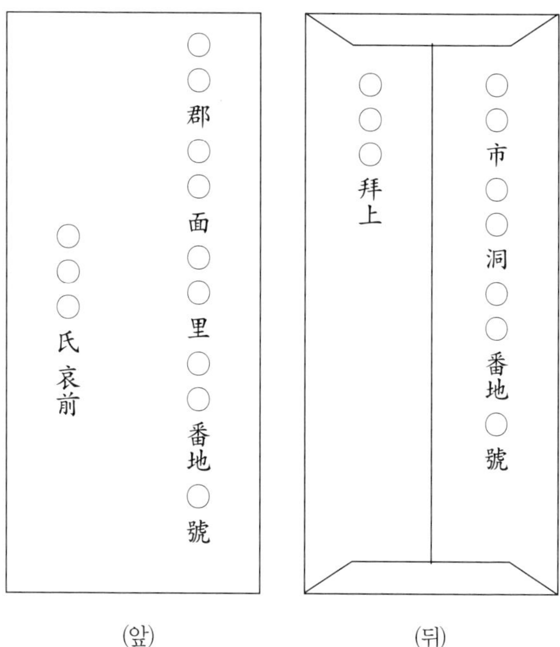

郡○○面○○里○番地○號
○○○氏哀前
(앞)
市○○洞○○番地○號
○○○拜上
(뒤)

㉜ 소상(小祥)

소상이란 초상을 치른 지 만 1년 되는 날 지내는 제사를 말한다. 하루 전에 상제 이하 목욕을 하고, 음식을 장만하고, 연복(練服)도 준비한다. 날이 밝으면 일어나서 제찬을 진설하고 곡을 시작한다.

옛날에는 날을 받아서 지냈지만 지금은 기일(忌日)에 지낸다. 아버지가 살아 계실 경우에는 어머니 초상 11개월 만에 연사(練祀)를 지낸다. 이러한 절차는 실상 3년의 형체를 갖추는 것이다. 그러므로 11월 만에 연사를 지내는 것도 사실은 기년(朞年)으로 치는 셈이 된다.

이 제사도 졸곡(卒哭)의 절차와 같으며, 연복을 입게 되므로 남자는 수질(首絰)을 벗고 여자는 요질(腰絰)을 벗는다. 그리고 기복만 입은 사람은 길복(吉福)으로 갈아입어야 한다. 그러나 소상을 지내는 달이 다 가기 전에 연복으로 갈아 입고 곡한다.

◉ 소상 축문(小祥 祝文)

유 세 차　간 지　모 월　간 지 삭
維歲次　干支　某月　干支朔

모 일 간 지　고 자 모
某日干支　孤子某〔母喪에는
孤哀子〕

봉 사 자 명　감 소 고 우
奉祀者名　敢昭告于

현 고　모 관 부 군　일 월 불 거
顯考　某官府君　日月不居

엄 급 소 상　숙 흥 야 처
奄及小祥　夙興夜處

애 모 불 녕　근 이　청 작 서 수
哀慕不寧　謹以　淸酌庶羞

애 천 상 사　상　향
哀薦常事　尙　饗

[해설] 자모(子某)는 감히 고하나이다. 아버지 돌아가
신 날이 다시 돌아오니 영원토록 애모하는 마
음을 이기지 못하여 삼가 맑은 술과 여러 가
지 음식을 공순히 드리오니 흠향하시옵소서.

[참고] 제사 때에 쓰는 축문의 서식은 모두 같으나
제위(祭位)와 제사를 지내는 사람의 칭호만이
각각 촌수에 따라 달리 쓰이게 된다.

㉜ 대상(大祥)

소상(小祥)을 지내고 만 1년 만에 지내는 제사가 대상
이다. 그러나 아내를 위한 대상은 13개월 만에 첫 제사
로써 지낸다. 제례식은 소상 때와 다름이 없으나 상복
(喪服)을 벗고 연복(練服)으로 갈아입게 됨으로서 3년 상
을 마치게 되는 것이다.

◉ 대상 축문(大祥 祝文)

유 세 차　간 지
維歲次 干支

모 월 간 지 삭　모 일 간 지
某月干支朔 某日干支

고 자 모　봉 사 자 명
孤子某(奉祀者名)

감 소 고 우　현 고　모 관 부 군
敢昭告于 顯考 某官府君

일 월 불 거　엄 급 대 상
日月不居 奄及大祥

숙 능 야 처　애 모 불 녕
夙興夜處 哀慕不寧

근 이　청 작 서 수
謹以 清酌庶羞

애 천 상 사 상 향
哀薦常事 尙 饗

[해설] 아버님을 잃은 아들 ㅇㅇ는 애모하는 마음은 한시도 편할 수가 없습니다. 이제 대상을 맞아 삼가 맑은 술과 음식을 올리오니 흠향하시옵소서.

㉝ 담제(禫祭)

담제란 대상 후 둘째 달에 지내는 제사인데, 아버지가 계실 경우 어머니상(喪)이나 처상(妻喪)은 초상 후 15개월 만에 지낸다. 날짜는 정일(丁日)로 하되 초상이 겹쳐진 때는 지내지 못한다. 담제일은 상주를 위시한 복인들이 사당 문 밖에 모여 향을 피우고 정한다. 날짜가 정해진 다음 상주가 사당에 들어가 감실 앞에 재배(再拜)할 때 다른 복인들도 재배한다. 축관이 명사(命辭)를, 분향하는 상주의 왼쪽에 꿇어앉아서 읽기를 마치면 상주 이하 모든 복인은 재배하고 상주는 사당 밖으로 나온다. 이때 뒤따라 나오는 축관이 사당문을 닫는다.

의례절차는 대상 때와 같으며 신위(神位)는 영좌가 있던 곳에 차린다. 곡은 사신(辭神)할 때 외에는 하지 아니한다.

◉ 담제 축문(禫祭 祝文)

유 세 차　간 지　모 월
維歲次 干支 某月

간 지 삭　모 일　간 지
干支朔 某日 干支

고 자 모　봉 사 자 명
孤子某(奉祀者名)

감 소 고 우　현 고　모 관 부 군
敢昭告于 顯考 某官府君

일 월 불 거 엄 급 담 제
日月不居 奄及禪祭

숙 흥 야 처 애 모 불 녕 근 이
夙興夜處 哀慕不寧 謹以

청 작 서 수 애 천 담 사 상 향
淸酌庶羞 哀薦禪事 尙 饗

[해설] ○○는 감히 고하나이다. 어언간 세월이 흘러
아버님 돌아가신 담제가 되었습니다. 밤낮으
로 슬프게 애모하는 마음을 이기지 못하여 삼
가 맑은 술과 여러 가지 음식을 갖추어 올리
오니 흠향하소서.

34 길제(吉祭)

길제는 담제를 지낸 다음 달에 지내는 제사이다. 정일(丁日)이나 해일(亥日)로 날을 잡아 지낸다. 상주는 길제를 지낸 다음날부터 상복을 벗는다. 5대는 제사 후에 묘사(墓祀)에 옮긴다.

◉ 길제 축문(吉祭 祝文)

유 세 차　간 지
維歲次 干支

모 월 간 지 삭　모 일 간 지
某月干支朔 某日干支

오 대 손　모　봉 사 자 명
五代孫 某(奉祀者名)

감 소 고 우　현 오 대 조 고
敢昭告于 顯五代祖考

모관부군 현오대조비
某官府君 顯五代祖妣

모봉모씨 선고모관부군
某封某氏 先考某官府君

상기이진 고인제례
喪期已盡 古人制禮

사지사대 심수무궁
祀止四大 心雖無窮

분칙유한
分則有限

신주당조천유정침
神主當祧遷于正寢

불승감창 근이 청작서수
不勝感愴 謹以 清酌庶羞

지천세사 상 향
祇薦歲事 尚 饗

[해설] 5대손 ○○는 감히 고하나이다. 아버지의 상기(喪期)가 다 되었으므로 신주를 사당으로 옮기려고 합니다. 이에 따라 조고비(祖考妣)의 신주는 채천하게 되었고 고조고비(高祖考妣)의 신주는 고쳐 쓰게 되었으니 그 슬픔을 감당할 길이 없어 맑은 술과 음식을 올려 삼가 고하나이다.

㉟ 이장(移葬)

개장(改葬)이라고도 한다. 이장은 묘를 옮겨 다시 쓰는 것으로 이장을 할 때에는 옛 묘소의 토지신에게 제수를 진설한 다음 헌주(獻酒) 재배하고 축문을 읽는다.

유 세 차　간 지　모 월 간 지 삭
維歲次 干支 某月干支朔

모 일 간 지　모　봉 사 자 명
某日干支 某(奉祀者名)

감 소 고 우　토 지 지 신
敢昭告于 土地之神

자 유 모 친　모 관　복 택 자 지
茲有某親 某官 卜宅茲地

공 유 타 환　장 계 폄　천 우 타 소
恐有他患 將啓窆 遷于他所

근 이　청 작 포 과　지 천 우 신
謹以 清酌脯果 祗薦于神

기 우 지 신　상　향
其佑之神 尚 饗

[해설] ○○는 토지신에게 고하나이다. 이제 아무 벼
슬한 어른의 묘를 이곳에 써 놓고 생각해보니
다른 걱정으로 염려되어 장차 묘혈을 열어 다
른 곳으로 옮겨 가려고 하오니 신께서 도와주
소서.

토신제를 지내고 나면 묘소 앞에 제상을 차리고 초상
때와 마찬가지로 다시 제사를 지낸다.

◉ 파묘하기 전에 드리는 축문

유 세 차　간 지　모 월 간 지 삭
維歲次　干支　某月干支朔

모 일 간 지　모 친 모 관 모
某日干支　某親某官某

감 소 고 우　현 모 친 모 관 부 군
敢昭告于　顯某親某官府君

장 우 자 지　세 월 자 구
葬于兹地　歲月滋久

체 백 불 녕　금 장 개 장
體魄不寧　今將改葬

복 유 존 령　불 진 불 경
伏惟尊靈　不震不驚

[해설] 이곳에 장사 지낸 지 너무 오래 되어 체백이 편안치 못하실까 염려되어 장차 다른 곳으로 모시려고 하나이다. 엎드려 바라옵건대 존령은 움직이거나 놀라지 마시옵소서.

묘를 팔 때는 서쪽부터 시작해서 사방을 한 번씩 찍을 때마다 "파묘(破墓)!"라고 외친 다음에 흙을 파내기 시작한다.

관은 미리 마련한 칠성판에 올려놓고 머리에서 아래로 내려오면서 북두칠성을 그린 칠성판과 함께 엄포(奄布)로 감는다. 시체를 이장지로 옮긴 다음에도 전과 같은 의식에 따라 토신제를 지낸다.

◉ 개장 후 토지신에게 읽는 축문

유 세 차　　간 지　　모 월 간 지 삭
維歲次　干支　某月干支朔

모 일 간 지　모　　봉 사 자 명
某日干支　某(奉祀者名)

감 소 고 우　　토 지 지 신
敢昭告于　土地之神

금 위 모 관 부 군　　택 조 불 리
今爲某官府君　宅兆不利

장 개 장 우 차　　신 기 보 우
將改葬于此　神其保佑

비 무 후 간　　근 이　　청 작 포 과
俾無後艱　謹以　清酌脯果

祗薦于神 尚 饗

[해설] ○○는 토지신에게 감히 고하나이다. ○의 무
덤이 이롭지 못하여 이제 이곳에 개장하려 하
오니 신께서는 보우하시고 후에 어려움이 없
게 하여 주시기를 빌면서 삼가 주과 포혜로서
천신하오니 흠향하소서.

◉ 개장이 끝나고 옮긴 묘소에 고하는 축문

維歲次 干支 某月干支朔

某日干支 某(奉祀者名)

敢昭告于 顯某官府君之墓

신 개 유 택　사 필 봉 영

新改幽宅 事畢封塋

복 유　존 령　영 안 체 백

伏惟 尊靈 永安體魄

[해설] ○○는 감히 고하나이다. ○의 묘를 새로 마련
하여 봉분을 마쳤습니다. 엎드려 바라옵건대
존령께서는 체백이 편안하옵소서.

3 종교식 상례

① 천주교의 상례

가능한 한 병자가 임종하기 전에 신부를 모셔다가 마지막 성사(聖事)인 종부(終傅)성사와 아울러 고해(告解)성사를 받게 한다.

부득이하여 신부를 청하지 못하는 경우에는 가족이나 또는 신자(信者)는 성경을 읽어서 들려주고 운명할 때는 편안한 마음으로 떠날 수 있도록 하기 위해 울음을 삼가고 염경(念經)을 한다.

병자가 운명을 하면 즉시 본당 신부에게 알리는 한편, 시신(屍身)은 일반 수시(收屍)때와 같이 눈을 감기고 입을 다물게 하고 정결한 옷으로 갈아입힌 다음, 십자고상(十字苦像)을 양손으로 합장하듯 쥐게 하고 깨끗한 붕대 같은 것으로 묶어 준다.

장례절차는 3일, 7일, 30일에는 연미사(煉彌撒)를 드리고 특히 소기 때는 연미사에 이어 온 가족이 고해, 영

성체를 드린다.

추사이망첨례 날은 즉 모든 죽은 사람을 위하여 미사를 올리고 기도하는 날은 반드시 묘지를 방문 하도록 하고 있지만 연중 수시로 묘지를 방문해도 무방하다.

❷ 불교의 상례

불교식 상례도 일반 상례와 의식 절차가 비슷하나 장례는 다비(茶毗)라고 하며 화장(火葬)으로 치룬다. 주례승(主禮僧)은 시신이 다 탈 때까지 지켜 서서 독경(讀經)하며, 유골은 쇄골(碎骨)한 다음 절에 봉안(奉安)하고 49제, 100제(百日祭), 소기, 대기를 지내고 3년상을 치룬다.

그리고 또 고인의 생일을 맞으면 추도식을 갖기도 하며, 재(齋)와 영반(靈飯)도 있다.

절차는 다음과 같다.

① 개식(開式) : 호상(護喪)이 한다.

② 삼귀의례(三歸儀禮) : 주례승이 하며 불(佛), 법(法),

승(僧)의 세 가지 귀한 것(三寶)에 돌아가 의지한다는 예(禮)로 불교의식에서는 항상 있다.

③ 약력보고(略歷報告) : 망인을 추모하는 뜻에서 망인과 생존시에 가까웠던 친구가 한다.

④ 착어(着語) : 주례승이 망인을 위해서 부처님의 교법(敎法)의 힘을 입어 망인을 안정시키는 말이다.

⑤ 창혼(唱魂) : 주례승이 하며 극락세계에 가서 고이 잠들라는 것으로 요령(搖鈴)을 치며 한다.

⑥ 헌화(獻花) : 유지나 친지 대표가 한다.

⑦ 독경(讀經) : 주례승과 참례자 모두가 망인의 혼을 안정시키고 생존 시의 모든 관계를 잊고 부처님 세계에 고이 잠들라는 염불(念佛)이다.

⑧ 추도사(追悼辭) : 초상에는 조사(弔辭)라고 하며 일반에서 하는 것과 같다.

⑨ 소향(燒香) : 일동이 함께 향을 태우며 추모하고 애도(哀悼)한다.

⑩ 사홍서원(四弘誓願) : 주례승이 하는 것으로 다음과 같은 것이다.

○ 중생무변서원도(衆生無邊誓願度) : 중생은 끝이

없으니 제도(濟度)하여 주기를 맹세하는 것이다.

○ 번뇌무진서원단(煩惱無盡誓願斷) : 인간의 번뇌는 끊기를 원하는 맹세이다.

○ 법문무량서원학(法問無量誓願學) : 불교의 세계는 한량이 없으니 배우기를 원한다는 것이다.

○ 불도무상서원성(佛道無上誓願成) : 불도보다 더 훌륭한 것이 없으니 불도를 이루기를 맹세코 원한다는 것이다.

⑪ 폐식(閉式)을 선언한다.

③ 기독교식 상례

1. 일반영결식순(一般永訣式順)

① 식사(式辭) : 주례목사의 개식사를 말한다.

② 찬송(贊頌) : 주례목사가 임의로 택한다.

③ 기도 : 죽은 사람의 명복을 빌고 아울러 유족들에게 위로하는 내용의 기원이다.

④ 성경 봉독 : 대개 고린도 후서 5장 1절이나 디모데

전서 6장 7절을 낭독한다.

⑤ 시편(詩篇) 낭독 : 시편90편을 보통 읽는다.

⑥ 신약 낭독 : 대개 오한복음 14장 1절부터 3절이나 데살로니가전서 4장 13절부터 18절을 낭독한다.

⑦ 기도

⑧ 약력보고

⑨ 주기도문

⑩ 출관

2. 하관식순(下棺式順)

① 기도 : 주례목사가 한다.

② 성경 낭독 : 고린도전서 15장 51절부터 58절까지를 읽는다.

③ 선고 : 참석자 중의 누구든지 흙을 집어 관에 던지고 목사는 하나님께로부터 왔다가 다시 돌아감을 선언한다.

④ 기도 : 명복을 비는 기도를 주례목사가 한다.

⑤ 주기도문

⑥ 축도

3. 아동영결식순

① 식사 : 개식의 선언으로 목사가 한다.

② 찬송 : 목사가 임의로 선택한다.

③ 기도 : 명복을 비는 기원이다.

④ 성경 봉독 : 마가복음 10장 17절을 대게 읽는다.

⑤ 위안사 : 주례목사가 가족들에게 하는 위안의 말

⑥ 기도

⑦ 출관

❹ 천도교식 상례

1. 수시(收屍)

천도교에서는 사람의 죽음을 환원(還元)이라 한다. 환원 직후 천도교 의식에서 쓰는 말로 한다면, 청수(淸水)를 봉전(奉奠)하고 가족 일동이 심고(心告)한 후 신시 수염(收殮)한다. 심고(心告)란 하느님께 고하는 일종의 기도로서 다음과 같다.

〈성령(性靈)이 우리의 성령에 융합되어야 길이 인계극

락(人界極樂)을 향수(享受)하옵소서〉

2. 수조(受弔)

정당(正堂)에 청수탁(淸水卓)을 설치해 놓으면 조문하는 사람들이 이 앞에서 심고(心告)한 후 상주(喪主)에게 조의를 표한다.

3. 입관(入棺)

입관(入棺)을 하기에 앞서 명정(銘旌)은 다음과 같은 형식으로 쓴다.

天道敎 神男(女) ○○○氏之柩

원직(原職)이 있는 경우에는 신남 신녀 대신 최고 직명과 도당호(道黨號)로 표시한다. 입관식을 마친 후에는 청수를 봉전(奉奠)하고 심고를 한다.

4. 성복식(成服式)

역시 청수를 봉천하고 상복을 입은 후 심고한다. 상

복은 검은 색의 천으로 하나, 천의 질은 형편에 따라 자
유로 한다.

5. 운구(運柩)

청수봉전(淸水奉奠)이 끝나면 심고한 후 운구한다.

영결식은 자택에서 거행할 때는 운구식을 생략하며
영결식은 발인시에 행한다. 식은 자택이나 특정한 장소
에서 하되 그 순서는 다음과 같다.

① 개식(開式)

② 청수봉전(淸水奉奠)

③ 식사(式辭)

④ 심고(心告) : 전원이 한다.

⑤ 주문(呪文) : 3회 병독(竝讀)

⑥ 약력보고(略歷報告)

⑦ 위령문 낭독(慰靈文 朗讀)

⑧ 조사(弔辭) : 내빈 중에서

⑨ 소향(燒香)

⑩ 심고(心告)

⑪ 폐식(閉式)

6. 상기(喪期)와 기도식

상기(喪期)는 배우자의 부모와 부부인 경우는 105일
이며, 조부모, 숙부, 형제자매인 경우는 49일이다. 위령
이면 전자의 경우는 환원일로부터 7일, 31일, 49일 되
는 날 행하되 그 순서는 다음과 같다.

① 재계(齋戒)

② 청수봉전(淸水奉奠)

③ 심고(心告)

④ 주문(呪文) : 105회 묵송(21字)

⑤ 심고(心告)

⑥ 폐식(閉式)

7. 제복식(除服式)

환원 후 105일 오후 9시를 기하여 다음과 같은 순서
로 한다.

① 재계(齋戒)

② 청수봉전(淸水奉奠)

③ 제복(除服)

④ 식사(式辭)

⑤ 심고(心告)

⑥ 주문(呪文) : 21회 묵송(21字)

⑦ 추도사(追悼辭)

⑧ 심고(心告)

⑨ 폐식(閉式)

親族關係의 系寸圖

高祖父·母 고조부·모
(형·제) (兄·弟)
從高祖 從高祖·母 종고조·모
(四寸) (四世)
(六寸)
曾祖父·母 증조부·모
(형·제) (兄·弟)
從曾祖·母 종증조·모
再從曾祖母 재종증조모
(三寸) (三世)
(五寸)
(七寸)
從祖父·母 종조부·모
(형·제) (兄·弟)
祖父·母 조부·모
再從祖·母 재종조·모
三從祖·母 삼종조·모
(四寸)
(二寸) (二世)
(六寸)
(八寸)
從叔(父母)(堂叔) 종숙부·모
伯叔父·母 백숙부·모
(형·제) (兄·弟)
父·母 아버지 어머니
再從叔·母(再堂叔) 재종숙·모
三從叔·母(三堂叔) 삼종숙·모
(五寸)
(三寸)
(一寸) (一世)
(七寸)
(六寸)
再從兄·弟 姉·妹 재종형제·자매
從兄弟姉妹「嫂」 종형제·자매
自己夫·妻 자기부·처
三從兄弟姉妹「嫂」삼종 형·제자·매
四從兄弟姉妹「嫂」사종 형·제자·매
(六寸) (四寸) (八寸) (十寸)

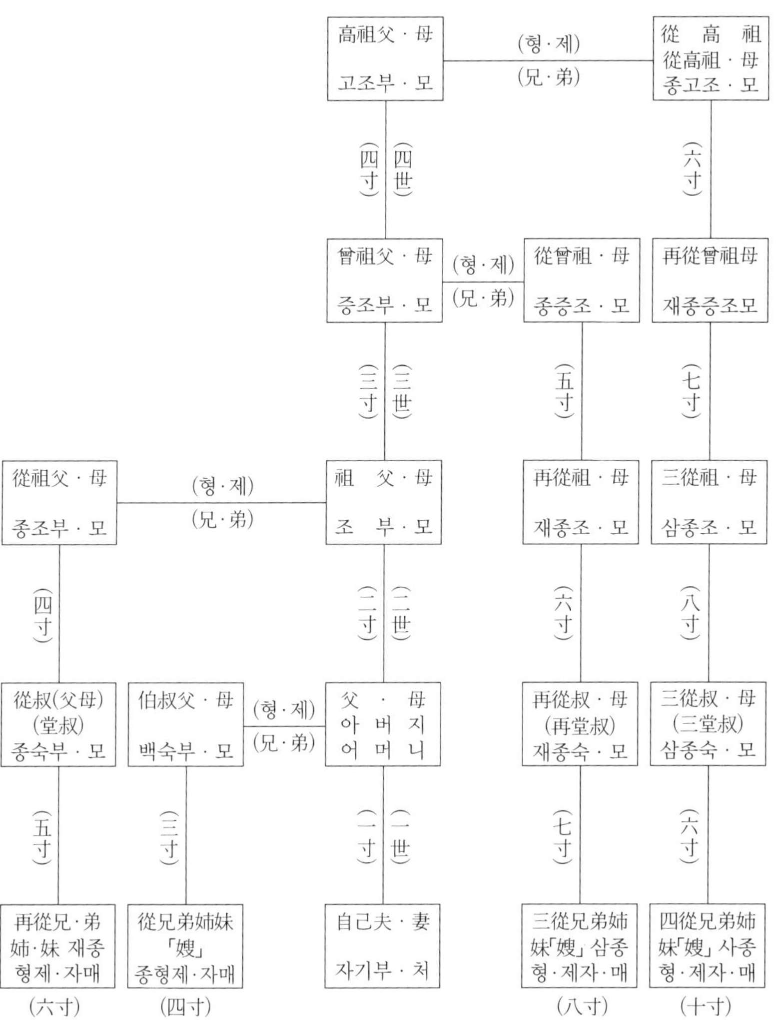

內 종 간 계 촌 도
內從間의 系寸圖

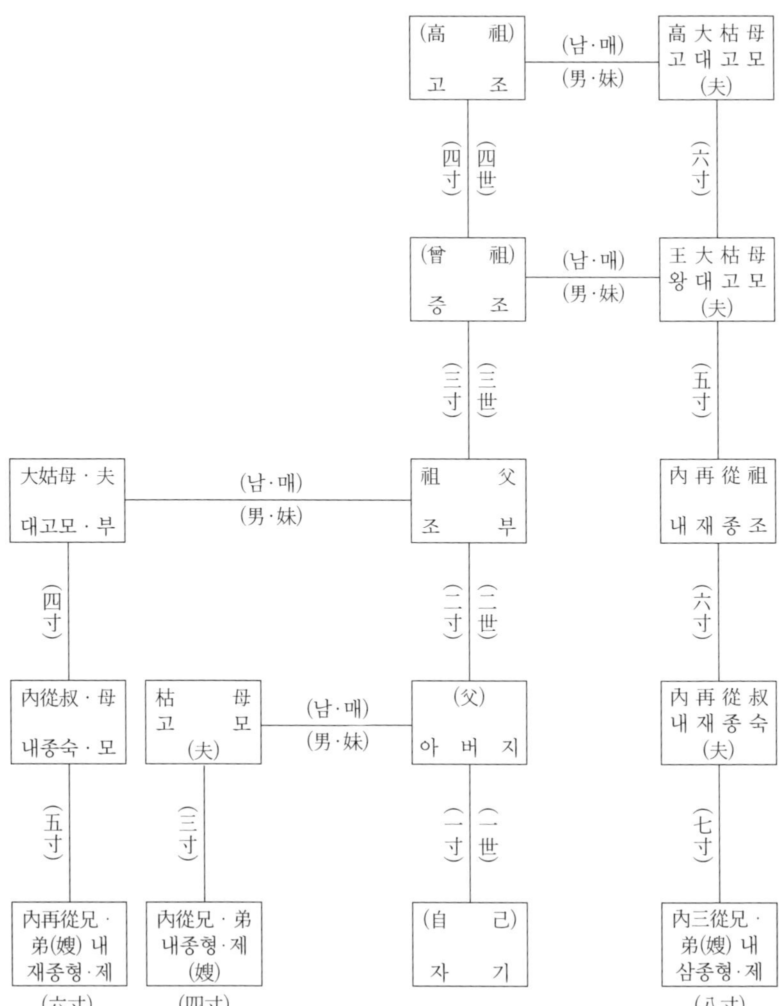
(高 祖)
고 조
(남·매)
(男·妹)
高 大 枯 母
고 대 고 모
(夫)

(四寸)
(四世)
(六寸)

(曾 祖)
증 조
(남·매)
(男·妹)
王 大 枯 母
왕 대 고 모
(夫)

(三寸)
(三世)
(五寸)

大姑母·夫
대고모·부
(남·매)
(男·妹)
祖 父
조 부
內 再 從 祖
내 재 종 조

(四寸)
(二寸)
(二世)
(六寸)

內從叔·母
내종숙·모
枯 母
고 모
(夫)
(남·매)
(男·妹)
(父)
아 버 지
內 再 從 叔
내 재 종 숙
(夫)

(五寸)
(三寸)
(一寸)
(一世)
(七寸)

內再從兄·
弟(嫂) 내
재종형·제
(六寸)
內從兄·弟
내종형·제
(嫂)
(四寸)
(自 己)
자 기
內三從兄·
弟(嫂) 내
삼종형·제
(八寸)

외가간　계촌도

外家間의 系寸圖

外高祖·母
외고조·모
(四寸)
外曾祖·母
외증조·모
(형·제)
(兄·弟)
外從曾祖
(母)
외종증조모
(三寸)
(五寸)
外祖·母
외조·모
(형·제)
(兄·弟)
外從祖·母
외종조·모
外再從祖
(母)
외재종조모
(二寸)
(六寸)
姨母·夫
이모·부
(남·매)
(男·妹)
(母)
어머니
(남·매)
(男·妹)
外叔·母
외숙·모
外從叔·母
(母의 四寸)
외종숙·모
外再從叔
(母)母六寸
외재종숙모
(三寸)
(一寸)
外三寸
外五寸
外七寸
姨從兄·弟
형수(嫂)
이종형·제
(四寸)
(自　　己)
자　　기
外從兄·弟
형　수(嫂)
외종형·제
(外四寸)
外再從兄弟
(嫂)
외재종형제
(外六寸)
外三從兄弟
(嫂)
외삼종형제
(外八寸)

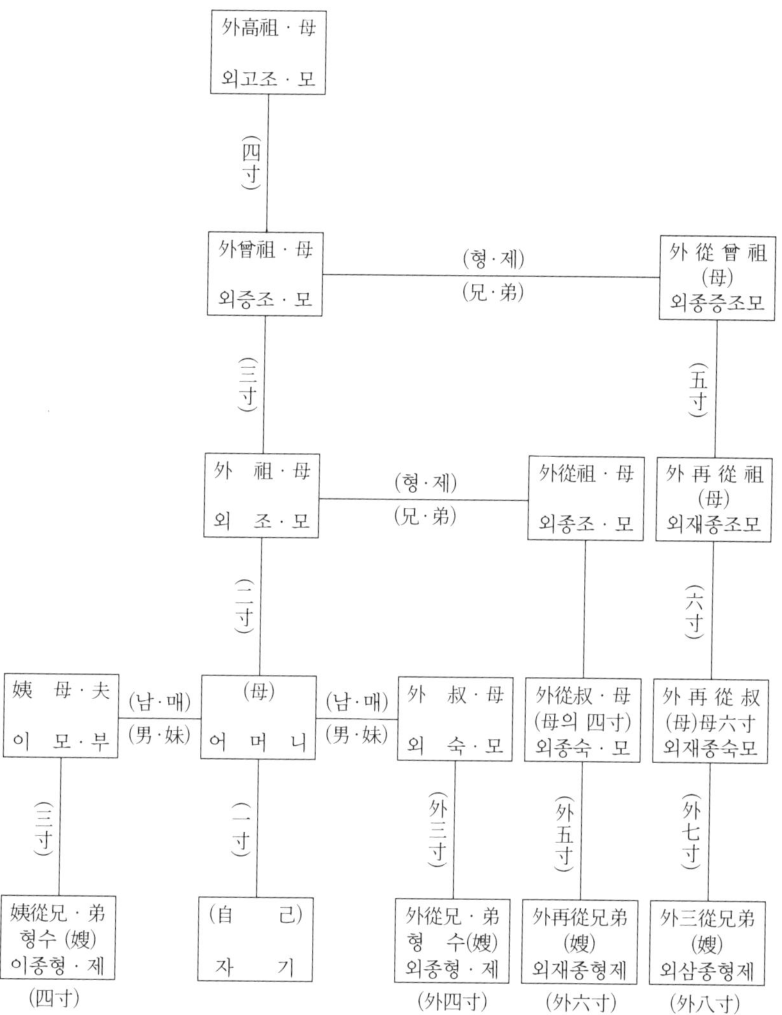

제사祭祀와 상례喪禮

초판 1쇄 발행 2013년 4월 20일
초판 4쇄 발행 2019년 4월 30일

편 역 송영주
펴낸이 배태수 ___펴낸곳 신라출판사
등 록 1975년 5월 23일 제6-0216호
전 화 02)922-4735 ___팩 스 02)922-4736
주 소 서울 구로구 중앙로3길 12(서봉빌딩)
표지디자인 디자인 디도

ISBN 978-89-7244-120-5 13380
* 잘못된 책은 구입한 곳에서 바꾸어 드립니다.